Herausgeber
Falk Staub

Tous ensemble

für den schulischen Französischunterricht

**Grammatisches Beiheft
von Frank Maurer**

Ernst Klett Verlag
Stuttgart Leipzig

Tous ensemble 5
Grammatisches Beiheft

Bildquellennachweis

dreamstime.com (Tamoumen-Algiers Photo), Brentwood, TN, **24.1**; Getty Images (De Agostini), München, **46.1**; iStockphoto (Rauluminate), Calgary, Alberta, **27.1**; shutterstock (Sladic), New York, NY, **18.1**; Thinkstock (StockRocket), München, **34.1**

Sollte es in einem Einzelfall nicht gelungen sein, den korrekten Rechteinhaber ausfindig zu machen, so werden berechtigte Ansprüche selbstverständlich im Rahmen der üblichen Regelungen abgegolten.

1. Auflage

1 ⁵ ⁴ ³ | 21

Alle Drucke dieser Auflage sind unverändert und können im Unterricht nebeneinander verwendet werden.
Die letzte Zahl bezeichnet das Jahr des Druckes.

Herausgeber: Falk Staub, Saarbrücken
Autor: Frank Maurer, Stuttgart

Redaktion: Lektorat editoria, Cornelia Schaller, Fellbach
Herstellung: Birgit Gaab

Umschlagfoto: Ilka Kramer, Lausanne
Umschlaggestaltung und Layout: know idea, Freiburg
Illustrationen: Christian Dekelver, Weinstadt; Klett-Archiv; Myrtia Rockstroh, Berlin
Satz: Claudia Becker, Beckers Büro, Stuttgart
Reproduktion: Schwabenrepro GmbH, Stuttgart
Druck: Himmer GmbH Druckerei, Augsburg

Printed in Germany
ISBN 978-3-12-623643-0

Liebe Schülerin, lieber Schüler,

Das **Grammatische Beiheft** ist eine Ergänzung zu deinem Französischbuch. Es bietet dir **Hilfe**, wenn du bei den Hausaufgaben Unterstützung brauchst, einmal krank warst oder dir im Unterricht einfach mal etwas durch die Lappen gegangen ist. Es hilft dir auch bei der Vorbereitung von Klassenarbeiten und Tests. Im Grammatischen Beiheft findest du ausführliche **Regeln, Erklärungen, Informationen** und **Tipps** zu den grammatischen Erscheinungen, die im Schülerbuch durchgenommen werden. Den Gesamtüberblick leistet das chronologische **Inhaltsverzeichnis.** Teste kurz dein Können und mache die **Übungen** aus dem Teil ‚*Alles klar? – Du bist dran!*‘. Eine Rückmeldung bieten dir die Lösungen dazu, die du im Anhang findest. Doch das ist längst noch nicht alles. Wichtige **Redemittel**, die du in deinem Französischunterricht lernst, findest du zum Nachschlagen ab Seite 63. Die wichtigsten **Lernstrategien** aus dem Schülerbuch findest du noch einmal im Überblick. Schlag einfach mal nach. Vielleicht ist etwas für dich dabei. Möchtest du ein Grammatik-Thema wiederholen, schlage im **Stichwortverzeichnis** nach. So findest du schnell das richtige Kapitel. Und wenn dir ein Begriff, den du im Unterricht gehört hast, nicht klar ist, schau ins **Verzeichnis der grammatischen Begriffe.** Hier werden sie noch einmal an Beispielen erklärt.

Wir wünschen dir viel Spaß beim Lernen und Nachschlagen im Grammatischen Beiheft.

Die Französisch-Redaktion

Erklärung der Symbole

F / D / E Hier gibt's Hinweise zum Vergleich mit anderen Sprachen.

Inhalt

*rezeptive Grammatik

Inhalt

Nomen und Begleiter

G1 un ami / des amis – Nomen und Artikel

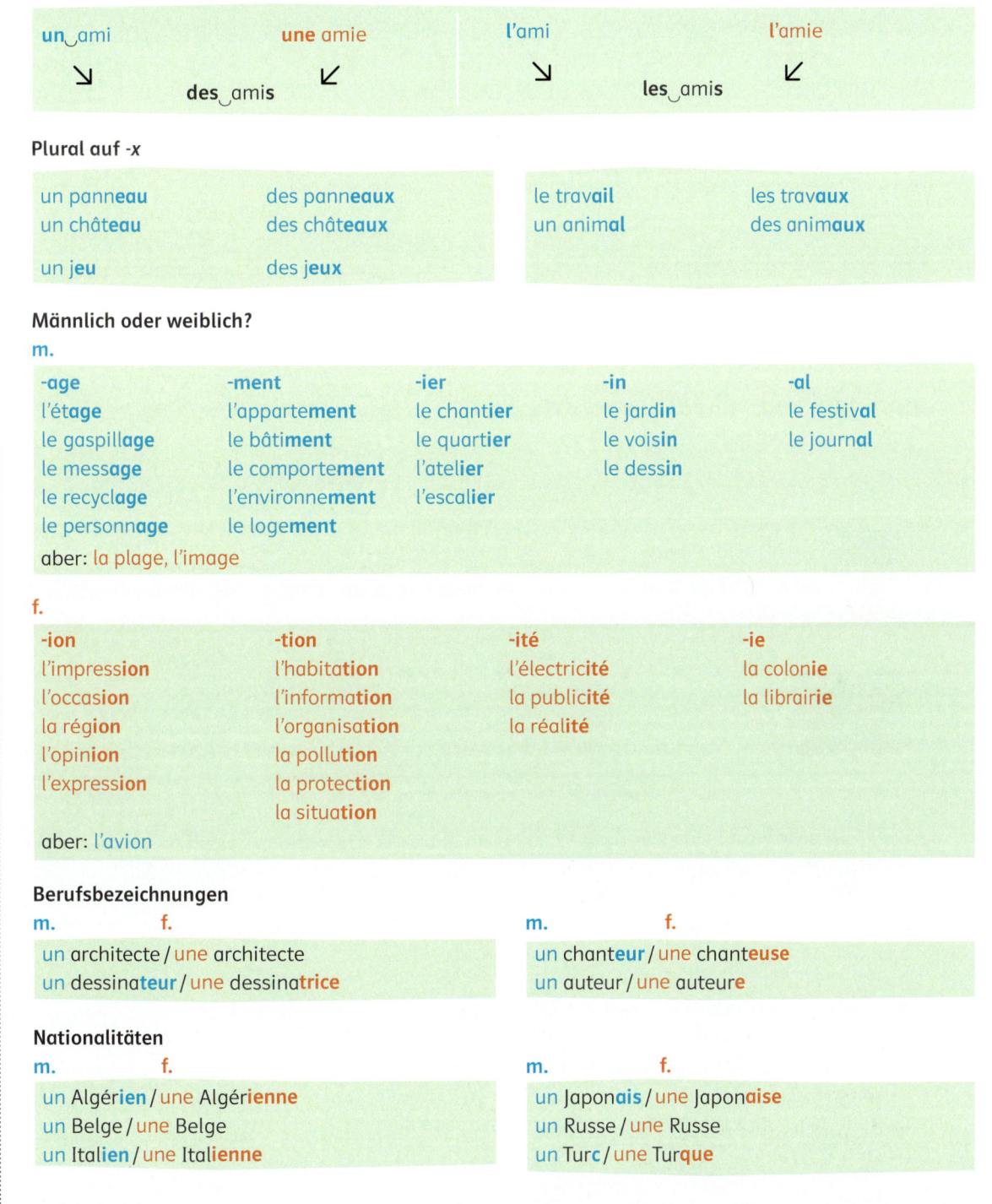

un⌣ami une amie l'ami l'amie

↘ ↙ ↘ ↙

des⌣amis les⌣amis

Plural auf -x

un pann**eau**	des pann**eaux**
un chât**eau**	des chât**eaux**
un j**eu**	des j**eux**

le trav**ail**	les trav**aux**
un anim**al**	des anim**aux**

Männlich oder weiblich?

m.

-age	-ment	-ier	-in	-al
l'ét**age**	l'apparte**ment**	le chant**ier**	le jard**in**	le festiv**al**
le gaspill**age**	le bâti**ment**	le quart**ier**	le vois**in**	le journ**al**
le mess**age**	le comporte**ment**	l'atel**ier**	le dess**in**	
le recycl**age**	l'environne**ment**	l'escal**ier**		
le personn**age**	le loge**ment**			

aber: la plage, l'image

f.

-ion	-tion	-ité	-ie
l'impress**ion**	l'habita**tion**	l'électric**ité**	la colon**ie**
l'occas**ion**	l'informa**tion**	la public**ité**	la librair**ie**
la rég**ion**	l'organisa**tion**	la réal**ité**	
l'opin**ion**	la pollu**tion**		
l'express**ion**	la protec**tion**		
	la situa**tion**		

aber: l'avion

Berufsbezeichnungen

m.   f.

un architecte / une architecte
un dessina**teur** / une dessina**trice**

m.   f.

un chant**eur** / une chant**euse**
un auteur / une auteur**e**

Nationalitäten

m.   f.

un Algér**ien** / une Algér**ienne**
un Belge / une Belge
un Ital**ien** / une Ital**ienne**

m.   f.

un Japon**ais** / une Japon**aise**
un Russe / une Russe
un Tur**c** / une Tur**que**

→

- **Un** und **une** sind **unbestimmte Artikel**.
- Sie stehen vor Nomen im **Singular**.
- **Un** steht vor männlichen, **une** vor weiblichen Nomen.
- **Des** ist der **unbestimmte** Artikel im **Plural** für alle männlichen und weiblichen Nomen.

- **Le** und **la** sind **bestimmte Artikel**.
- Sie stehen vor Nomen im **Singular**.
- **Le** steht vor männlichen, **la** vor weiblichen Nomen.
- **Les** ist der **bestimmte** Artikel im **Plural** für alle männlichen und weiblichen Nomen.

👄 *Das -s bei **des** und **les** wird nur vor Wörtern ausgesprochen, die mit Vokal oder „stummem h" beginnen. Man nennt das **Liaison** (Bindung), weil man zwei Wörter in der Aussprache miteinander verbindet:*

Des͜autoroutes, les͜histoires

F/D/E
Im Französischen gibt es den **unbestimmten Artikel** im **Plural** (des), im Deutschen und Englischen nicht.

F Tu as	**des**	chaussures pour moi?
D Hast du	–	Schuhe für mich?
E Do you have	–	shoes for me?

G2   mon, ton, son … – Die Possessivbegleiter

*Du willst **Besitzverhältnisse** oder **Beziehungen** zwischen Personen beschreiben.*

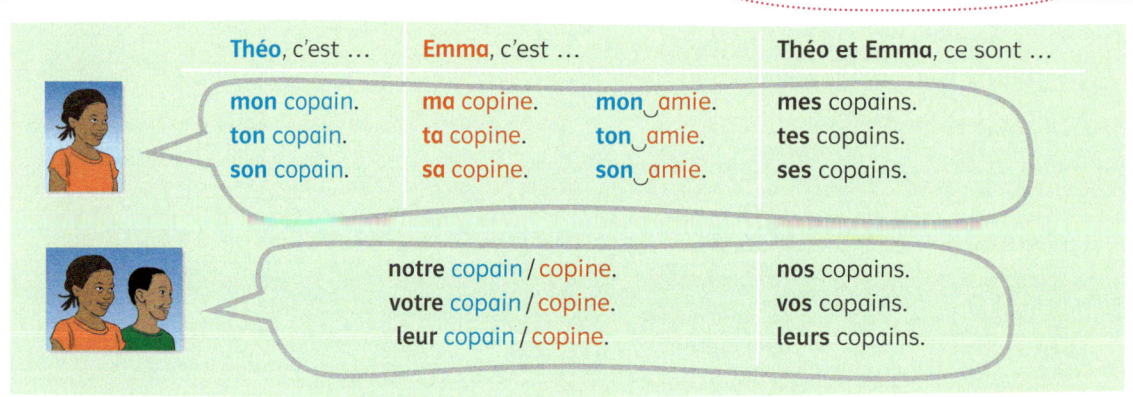

- Die **Possessivbegleiter** stehen vor dem Nomen und zeigen einen **Besitz** an (mein/e, dein/e …).
- Sie richten sich nach dem Geschlecht des Nomens, nicht nach dem Geschlecht des Besitzers (le copain → mon copain, la copine → ma copine).
- **Mon, ton, son, ma, ta, sa:** *Eine Person* hat **etwas** (mein/e, dein/e, sein/e, ihr/e).
- **Mes, tes, ses:** *Eine Person* hat **mehrere von etwas** (meine, deine, seine, ihre).
- **Notre, votre, leur:** *Mehrere Personen* haben **etwas** (unser/e, euer/eure, ihr/e).
- **Nos, vos, leurs:** *Mehrere Personen* haben **mehrere von etwas** (unsere, eure, ihre).

Grammaire G

G3 ce / cet / cette / ces … – Die Demonstrativbegleiter

*Du willst auf eine **bestimmte** Person oder Sache hinweisen.*

m.	f.	pl.
ce projet *dieses Projekt*	cette campagne *diese Campagne*	ces slogans *diese Slogans*
cet espace *dieser Raum*	cette affiche *dieses Plakat*	ces photos *diese Fotos*

Merke dir diese Ausdrücke:

ce matin	*heute Morgen*	ce soir	*heute Abend*
cet après-midi	*heute Nachmitag*	cette nuit	*heute Nacht*

- *Der **Demonstrativbegleiter** (ce, cet, cette, ces) ist ein weiterer Begleiter des Nomens.*
- *Mit ihm kannst du auf bestimmte Personen oder Gegenstände hinweisen.*
- *Ebenso wie die Possessivbegleiter richten sich auch die Demonstrativbegleiter in Geschlecht und Zahl nach dem Nomen, auf das sie sich beziehen.*

Singular
- **ce** *steht vor einem **maskulinen** Nomen, das mit einem **Konsonanten** beginnt.*
- **cet** *steht vor einem **maskulinen** Nomen, das mit einem **Vokal** oder stummem **h** beginnt.*
- **cette** *steht vor einem **femininen** Nomen.*

Plural
- **ces** *steht vor **femininen** und **maskulinen** Nomen im **Plural**.*

G4 tout le … / toute la … – Die Indefinitbegleiter

*Du willst auf eine **Gesamtheit** von Personen oder Sachen hinweisen.*

Singular		Plural	
m.	f.	m.	f.
tout le pays	toute la population	tous les habitants	toutes les personnes
das ganze Land	*die gesamte Bevölkerung*	*alle Einwohner*	*alle Personen*
tout l'immeuble	toute l'équipe		
das ganze Wohnhaus	*das gesamte Team*		

Merke dir diese Ausdrücke:

toute la journée	*den ganzen Tag*	toute la semaine	*die ganze Woche*	tout le temps	*die ganze Zeit*
toute la nuit	*die ganze Nacht*	tous les jours	*jeden Tag*	tout le monde	*alle (Leute) / jeder*

- *Der Indefinitbegleiter **tout** ist ebenfalls ein Begleiter des Nomens. Er weist auf eine Gesamtheit von Menschen oder Gegenständen hin.*
- ***Tout** richtet sich wie die anderen Begleiter in Geschlecht und Zahl nach dem Nomen, auf das es sich bezieht, z. B. la production → **toute** la production*
- *Der Ausdruck **tout** + **bestimmter Artikel** hat im Deutschen zwei Übersetzungen:*

Im Singular:		***Im Plural:***	
tout le / toute la	***der / die / das gesamte***	tous les / toutes les	***alle***

- *In der **Aussprache** hört man keinen Unterschied zwischen den jeweils maskulinen und femininen Singular- und Pluralformen: tout – tous = [tu] und toute – toutes = [tut]*

Pronomen

G5 Die unverbundenen Personalpronomen

> Tu viens avec **nous?**

Unverbundene Personalpronomen verwendest du vor allem **nach einer Präposition:**

à	avec	chez	derrière	devant	pour
moi	**toi**	**lui** / **elle**	**nous**	**vous**	**eux** / **elles**

*Das **unverbundene Personalpronomen** steht:*
- *nach einer Präposition (avec, pour, chez, sans, sur …):* Tu fais du VTT **avec nous**?
- *allein (in Sätzen ohne Verb):* Et **toi**?

G6 Die indirekten Objektpronomen

> Je peut **vous** montrer comment ça marche.

- *Um Wiederholungen zu vermeiden, kann das **indirekte Objekt** durch ein **indirektes Objektpronomen** ersetzt werden.*
- *Das **indirekte Objekt** wird mit der Präposition à an das Verb angeschlossen.*
- ***Nach folgenden Verben** kann ein indirektes Objekt stehen:* **demander, dire, donner, écrire, expliquer, montrer, parler, proposer, téléphoner à …**
- *Das **indirekte Objektpronomen** steht **vor dem Verb**.*

L'agent immobilier montre le plan de l'appartement **à un client,** puis **à une cliente,** et ensuite **à d'autres clients.**

Il **lui** montre le plan. Il **lui** montre le plan. Il **leur** montre le plan.

L'agent immobilier	me te lui nous vous leur	montre le plan et il	m' t' lui nous vous leur	explique tout.	*mir* *dir* *ihm / ihr* *uns* *euch / Ihnen* *ihnen*

Imperativ

bejaht	verneint
Dis-lui que j'arrive tout de suite. **Montre-leur** l'appartement. **Passe-moi** le dossier, s'il te plaît. **Beachte: me → moi / te → toi**	**Ne leur montre pas** les photos, elles ne sont pas réussies. **Ne me dis pas** que c'est trop cher …

- *Die **indirekten Objektpronomen** heißen **me, te, lui, nous, vous** und **leur**. Sie ersetzen **Personen** (indirekte Objekte: **à + Person**)*
- **Me** *(mir),* **te** *(dir),* **lui** *(ihm / ihr) ersetzen ein **maskulines** oder **feminines** Nomen im **Singular**.*
- **Nous** *(uns),* **vous** *(euch, Ihnen),* **leur** *(ihnen) ersetzen **maskuline** oder **feminine** Nomen im **Plural**.*
- *Die **indirekten Objektpronomen stehen vor** dem Verb.*
- **Me** *und* **te** *werden vor Vokal und stummem h zu* **m'** *und* **t'**.
- *Beim **bejahten Imperativ** werden die **indirekten Objektpronomen** mit **Bindestrich** an das Verb angeschlossen.* **Me** *und* **te** *werden dabei zu* **moi** *und* **toi**.

 **Déjà vu 8**

G7 Die direkten Objektpronomen

- *Um Wiederholungen zu vermeiden, kann das **direkte Objekt** durch ein **direktes Objektpronomen** ersetzt werden.*
- *Das **direkte Objekt** wird direkt an das Verb angeschlossen.*
- ***Nach folgenden Verben** kann ein direktes Objekt stehen:* **aider, appeler, attendre, chercher, écouter, inviter, regarder** …
- *Das **direkte Objektpronomen** steht **vor dem Verb**.*

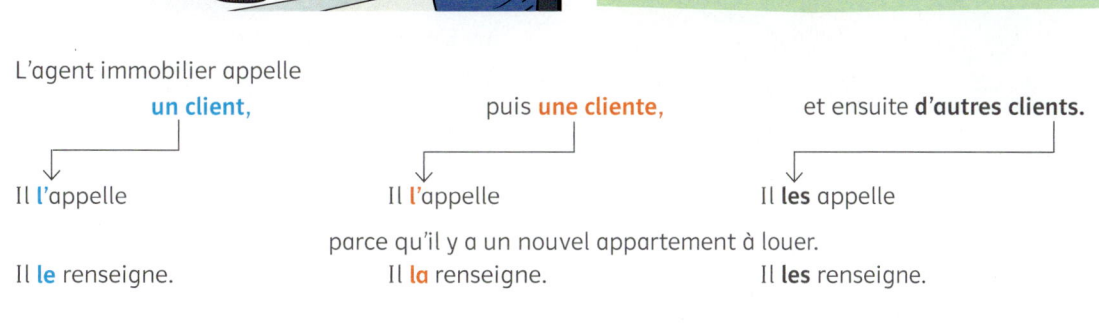

L'agent immobilier appelle

un client,   puis une cliente,   et ensuite d'autres clients.

Il l'appelle   Il l'appelle   Il les appelle

parce qu'il y a un nouvel appartement à louer.

Il le renseigne.   Il la renseigne.   Il les renseigne.

→

| Le client | me
te
le / la
nous
vous
les | cherche. | Il | m'
t'
l' / l'
nous
vous
les | attend devant l'immeuble. | *mich*
dich
ihn / es / sie
uns
euch / Sie
sie |

Imperativ

bejaht	verneint
Invite-le si tu veux. **Aidez-nous.** **Attends-moi**, s'il te plaît.	**Ne l'invite pas.** Je suis en retard, **ne m'attends pas.**
Beachte: me → moi / te → toi	

- *Die **direkten Objektpronomen** heißen* **me**, **te**, **le**, **la**, **nous**, **vous** *und* **les**. *Sie ersetzen* **Nomen**.
- **Me** *(mich),* **te** *(dich),* **le** *(ihn, es),* **la** *(sie) ersetzen ein **maskulines** oder **feminines** Nomen im **Singular**.*
- **Nous** *(uns),* **vous** *(euch, Sie),* **les** *(sie) ersetzen **maskuline** oder **feminine** Nomen im **Plural**.*
- *Die **direkten Objektpronomen stehen vor** dem Verb.*
- **Me** *und* **te** *werden vor Vokal und stummem h zu* **m'** *und* **t'**.
- *Beim **bejahten Imperativ** werden die **direkten Objektpronomen mit Bindestrich** an das Verb angeschlossen.* **Me** *und* **te** *werden dabei zu* **moi** *und* **toi**.

→ Déjà vu 8

G8   Direkte und indirekte Objektpronomen

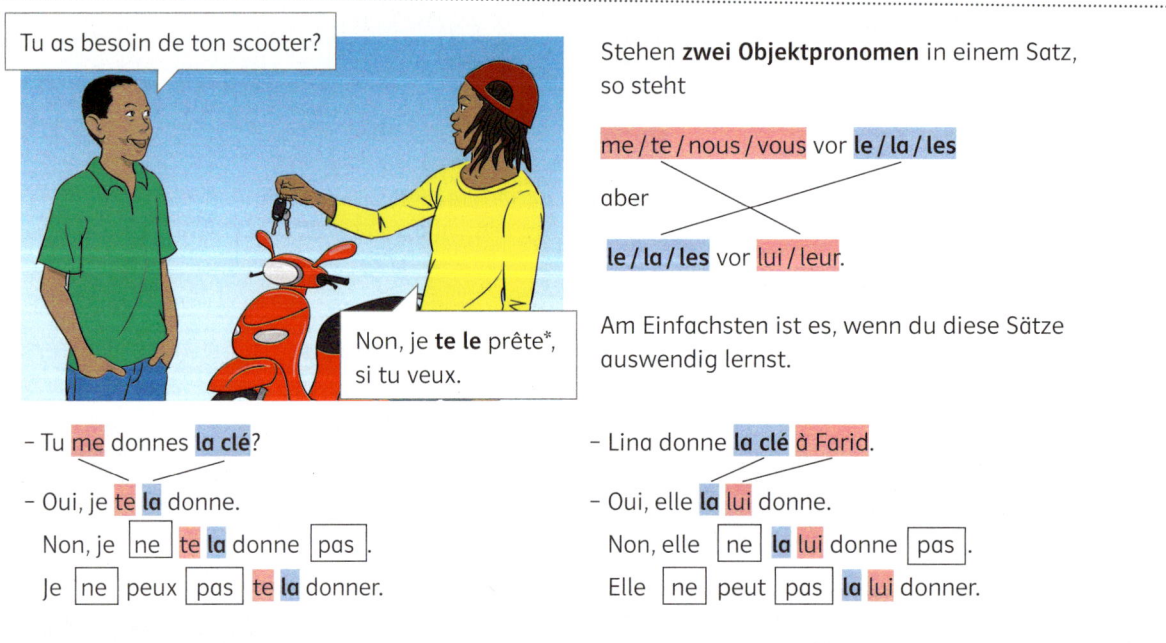

Tu as besoin de ton scooter?

Non, je **te le** prête*, si tu veux.

Stehen **zwei Objektpronomen** in einem Satz, so steht

me / te / nous / vous vor le / la / les

aber

le / la / les vor lui / leur.

Am Einfachsten ist es, wenn du diese Sätze auswendig lernst.

– Tu me donnes la clé?

– Oui, je te la donne.
   Non, je ne te la donne pas .
   Je ne peux pas te la donner.

– Lina donne la clé à Farid.

– Oui, elle la lui donne.
   Non, elle ne la lui donne pas .
   Elle ne peut pas la lui donner.

*prêter ausleihen

→

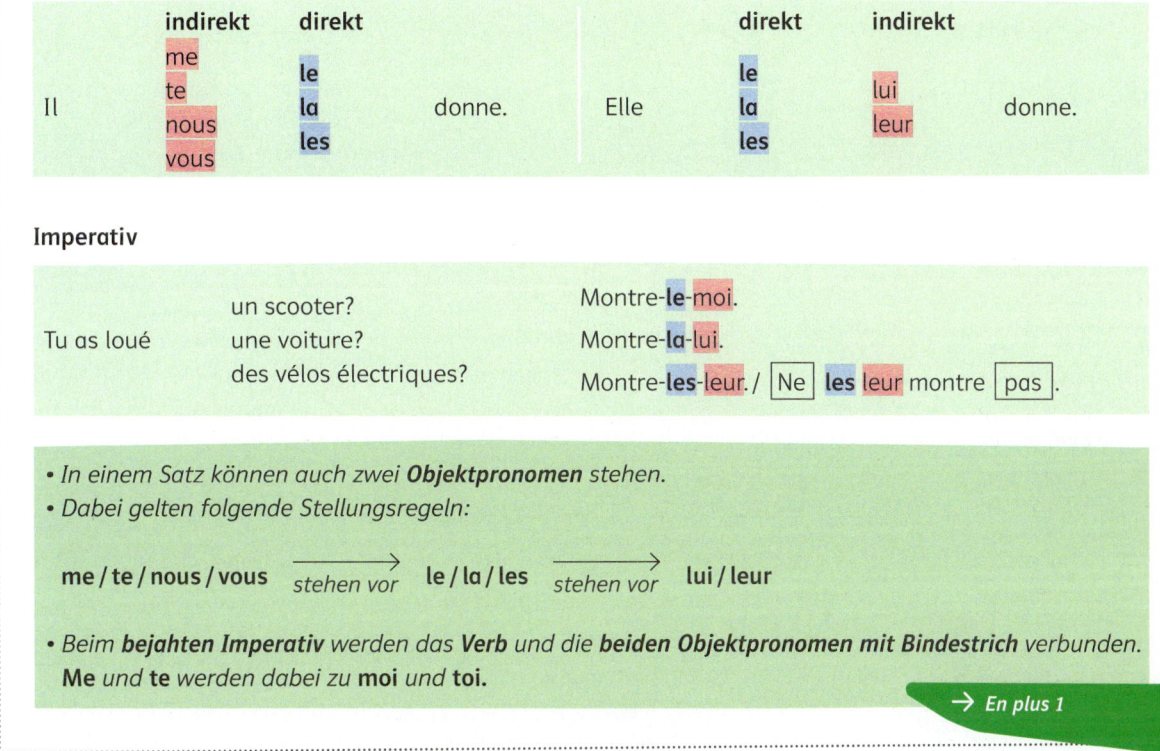

	indirekt	direkt			direkt	indirekt	
	me	le			le		
Il	te	la	donne.	Elle	la	lui	donne.
	nous	les			les	leur	
	vous						

Imperativ

Tu as loué	un scooter?	Montre-**le**-moi.
	une voiture?	Montre-**la**-lui.
	des vélos électriques?	Montre-**les**-leur. / Ne **les** leur montre pas.

- In einem Satz können auch zwei **Objektpronomen** stehen.
- Dabei gelten folgende Stellungsregeln:

me / te / nous / vous *stehen vor* → **le / la / les** *stehen vor* → **lui / leur**

- Beim **bejahten Imperativ** werden das **Verb** und die **beiden Objektpronomen mit Bindestrich** verbunden. **Me** und **te** werden dabei zu **moi** und **toi**.

→ *En plus 1*

G9 Die Pronomen *y* und *en*

– Tu **vas au concert** de M?
  – Oui, j'**y** vais à 19 heures.
  – Non, je n'**y** vais pas.
  – Oui, je vais **y** aller demain.
  – Je ne vais pas **y** aller.
  – J'**y** suis déjà allé(e).
– **Le concert** était bien?
  – Je n'**y** suis pas allé(e).

– Tu **viens du** tennis / **du** foot / **de la** piscine?
  – Oui, j'**en** viens.

– Tu veux **du fromage**?
  – Oui, j'**en** prends un petit peu.
  – Non, je n'**en** veux pas.
  – Non merci, j'**en** ai encore.

- Mit **y** können Ortsangaben ersetzt werden, die mit den Präpositionen **en**, **à**, **chez**, **sur** und **dans** eingeleitet werden. Es bedeutet „dorthin" (in Richtung auf einen Ort) oder „dort" (an einem Ort).
- **Y** *steht vor* der konjugierten Verbform.
- Bei der **Verneinung** werden **y** und die konjugierte Verbform von **ne ... pas** umschlossen.

- Mit **en** können Ortsangaben ersetzt werden, die mit der Präposition **de** eingeleitet werden. Es bedeutet „von dort" oder „von daher".
- **En** ersetzt auch Mengenangaben, die mit der Präposition **de** eingeleitet werden. Hier bedeutet **en** „davon".
- **En** *steht vor* der konjugierten Verbform.
- Bei der **Verneinung** werden **en** und die konjugierte Verbform von **ne ... pas** umschlossen.

Adjektive

G10 Die Adjektive

*Du willst Gegenstände beschreiben oder Personen **beschreiben** und **charakterisieren**.*

Beachte, dass du Adjektive **angleichen** musst.

Singular		Plural	
m.	**f.**	**m.**	**f.**
grand	grande	grands	grandes
cher	chère	chers	chères
blanc	blanche	blancs	blanches
âgé	âgée	âgés	âgées
ambitieux	ambitieuse	ambitieux	ambitieuses
créatif	créative	créatifs	créatives
français	française	français	françaises
canadien	canadienne	canadiens	canadiennes

Nationalitätsbezeichnungen: L'architecte est **b**elge. *être* + Adjektiv → Kleinschreibung
  C'est un **B**elge. *un / une* + Nomen → Großschreibung

- **Adjektive** richten sich nach dem Geschlecht des Bezugswortes (Nomen)
  (**Il** est fatigu**é**. **Elle** est fatigu**ée**.).
- *Steht das **Bezugswort im Plural** und ist **maskulin**, hängt man in der Regel an die männliche Form des Adjektives ein **-s** an (**les** pulls vert**s**). Manche maskuline Adjektive haben im Plural auch die Endungen **-eux**, **-iens** oder **-ifs**.*
- *Steht das **Bezugswort im Plural** und ist **feminin**, hängt man in der Regel an die männliche Form des Adjektives ein **-es** an (**les** jupes vert**es**). Manche feminine Adjektive haben im Plural auch die Endungen **-euses**, **-iennes** oder **-ives**.*

Beachte die Stellung der Adjektive:

Un projet **écologique**.
Une ville **française**.

Un **nouveau** projet.
Une **grande** ville.

Un **nouveau** projet **écologique**.
Une **grande** ville **française**.

- **Die meisten Adjektive** stehen **nach dem Nomen**, insbesondere
  – **Farbadjektive** und
  – **Länderadjektive**.

- **Vor dem Nomen** stehen einige häufig gebrauchte Adjektive wie
  bon, **grand**, **petit**, **beau**, **nouveau**, **vieux**.

→

beau / nouveau / vieux

Singular		Plural	
m.	**f.**	**m.**	**f.**
un **beau** jardin un **bel a**rbre	une **belle** terrasse	des **beaux** jardins des **beaux** arbres	des **belles** terrasses
un **nouveau** parc un **nouvel e**scalier	une **nouvelle** tour	des **nouveaux** parcs des **nouveaux** escaliers	des **nouvelles** tours
un **vieux** balcon un **vieil i**mmeuble	une **vieille** maison	des **vieux** balcons des **vieux** immeubles	des **vieilles** maisons

- *Die Adjektive* **beau** *und* **nouveau** *haben im Singular drei Formen:*
  zwei **maskuline** *Formen:* **beau / nouveau** *vor* **Konsonanten**
  bel / nouvel *vor* **Vokal** *oder* **stummem h**
  und eine feminine Form: **belle** *und* **nouvelle.**
- *Im Plural gibt es nur* **eine** *maskuline und* **eine** *feminine Form.*
- *Das* **-x** *der maskulinen Form und das* **-s** *der femininen Form werden vor Vokal und stummem h gebunden.*
- **Beau** *und* **nouveau** *sind Adjektive, die* **vor** *dem Nomen stehen.*

G11   Die Steigerung der Adjektive

Du willst Gegenstände oder Personen miteinander **vergleichen.**

1. Der Komparativ

| 324 m | 210 m | 111 m | 96 m | 83 m | 50 m |

La tour Eiffel est **plus haute que** la tour Montparnasse.   *höher als*   ↑
La basilique du Sacré-Cœur est (presque) **aussi haute que** la cathédrale Notre-Dame.   *(fast) so hoch wie*   ↔
L'Arc de triomphe est **moins haut que** la Grande Arche de la Défense.   *weniger hoch / niedriger als*   ↓

- *Der* **Komparativ** *(größer, weniger groß = kleiner) wird gebildet, indem man die Wörter* **plus** *(= Aufwärtssteigerung ↗) oder* **moins** *(= Abwärtssteigerung ↘) vor das Adjektiv stellt.*
- *Bei* **Gleichheit** *(genauso klein / groß) wird das Wort* **aussi** *(↔) vor das Adjektiv gestellt.*
- *Auf das Adjektiv folgt* **que / qu'** *(als / wie).*
- *Das* **Adjektiv** *ist* **veränderlich**, *es richtet sich nach dem Nomen, auf das es sich bezieht.*

2. Der Superlativ

Du willst ausdrücken, dass etwas am größten, schönsten usw. ist.

En France, le pont **le plus connu**, c'est le Pont du Gard.	*die bekannteste Brücke*
la ville **la plus grande**, c'est Paris.	*die größte Stadt*
les fleuves **les plus longs** sont la Loire et la Seine.	*die längsten Flüsse*
la montagne **la moins touristique** est le Massif central.	*das am wenigsten touristische Gebirge*

- *Der **Superlativ** (der / die / das größte, kleinste, …) wird gebildet, indem man **den bestimmten Artikel vor** plus oder **moins** setzt.*
- *Das **Adjektiv** ist **veränderlich**, es richtet sich nach dem Nomen, auf das es sich bezieht.*

→ Déjà vu 5

3. Die Steigerung des Adjektivs *bon*

– Tu es **bonne** en dessin?
– Oui, mais mon frère est **meilleur que** moi.
  Son équipe a obtenu **les meilleurs** résultats au concours de BD.

		Komparativ	Superlativ
	gut	*besser*	*der / die beste*
Sg.	**bon** / **bonne**	**meilleur** / **meilleure**	**le meilleur** / **la meilleure**
Pl.	**bons** / **bonnes**	**meilleurs** / **meilleures**	**les meilleurs** / **les meilleures**

*Das Adjektiv **bon** wird nicht mit plus gesteigert, sondern hat eine **eigene Steigerungsform**.*

→ En plus 6

Adverbien

G12 Die Adverbien

*Du willst genauer ausdrücken, **wo**, **wann** und **wie** etwas geschieht.*

Ying est **souvent seule** parce que ses parents travaillent **beaucoup**. Leur appartement est **trop petit**, mais à Paris les loyers sont **vraiment chers**. **Heureusement**, la mère de Ying a **très vite** trouvé une solution.

Adverbien ergänzen ein **Verb**, ein **Adjektiv** oder ein anderes **Adverb**. Sie können sich auch auf den ganzen Satz beziehen.

1. Ursprüngliche Adverbien

Elle a **bien** dormi.

Il a **mal** dormi.

*Adverbien sind **unveränderlich**.*

Où?	ici, là	Comment?	bien, mal, vite
Quand?	demain, souvent, tard, déjà	Combien?	très, trop, beaucoup, peu

2. Adverbien auf -ment

Adjektiv			Adverb	
heureux	heureuse	→	heureusement	glücklicherweise
normal	normale	→	normalement	normalerweise
complet	complète	→	complètement	völlig
difficile	difficile	→	difficilement	schwierig

aber:

vrai	→	vraie	vraiment	wirklich

- Viele **Adverbien** werden **von Adjektiven abgeleitet**: **Normalement**, je me lève à 7 heures.
- In der Regel wird das Adverb von der **weiblichen Form des Adjektivs** abgeleitet.
- An die weibliche Form des Adjektivs wird die Endung -**ment** angehängt.
- Dies gilt auch, wenn kein Unterschied zwischen männlicher und weiblicher Form des Adjektivs besteht: **difficile-ment**

G13 Die Steigerung der Adverbien

Elle parle **vite**.	schnell	**vite → plus vite**
Elle parle **plus vite que** son frère,	schneller als	
mais elle parle **moins vite que** sa mère.	langsamer als	
Elle court **aussi vite que** son copain.	genauso schnell wie	

- Die **Adverbien** werden gesteigert, indem man die Wörter **plus** (= Aufwärtssteigerung ↗) oder **moins** (= Abwärtssteigerung ↘) **vor** das Adverb stellt.
- Bei **Gleichheit** (genauso) wird das Wort **aussi** (↔) **vor** das Adverb gestellt.
- Auf das Adverb folgt **que / qu'** (als/wie).

Die Steigerung von bien:

Elle parle **bien** l'anglais.	gut	**bien → mieux**
Elle parle **mieux** l'anglais **que** l'allemand.	besser als	
Son copain parle **moins bien** l'allemand **que** l'anglais,	schlechter als	
mais il parle **aussi bien** l'anglais **que** l'italien.	genauso gut wie	

- Das Averb **bien** wird nicht mit plus gesteigert, sondern hat eine **eigene Steigerungsform**.
- In der Bedeutung schlechter als und genauso gut wie setzt man vor das Adverb **bien** die Wörter **moins** (weniger) und **aussi** (genauso). Hinter **bien** steht dann **que / qu'**: moins bien que; aussi bien que.

→ En plus 7

Alles klar? – Du bist dran!

*Hier kannst du die **Steigerung der Adverbien** üben. Die Lösungen findest du auf S. 65.*

1 Le chantier international → Du kannst diese Aufgabe nach Dossier 4 bearbeiten.

Luis parle de ses expériences au chantier international. Complète le texte. Ecris dans ton cahier.

Luis: Quand je suis arrivé au chantier, je parlais français ■ *(schlechter als)* maintenant. Quand on est dans le pays et qu'on parle avec les gens on apprend ■ *(schneller als)* à l'école. Au chantier, on parlait beaucoup français et le travail était ■ *(gut)* organisé. Nous avons rénové le château ■ *(langsamer als)* prévu, mais l'ambiance du groupe était géniale. Les jeunes qui participaient pour la première fois à un chantier international travaillaient ■ *(genauso gut wie)* les autres. L'année dernière, j'avais déjà fait un chantier pour la protection de l'environnement. Mais j'ai préféré le chantier de cette année. Rénover, c'était ■ *(besser als)* de planter des arbres pendant trois semaines.

Verben und Zeiten

← **passé**		**présent**	**futur** →
avant le passé	**dans le passé**	**maintenant**	**dans le futur**
Avant-hier, **on avait fait** du skate. plus-que-parfait	Hier, **on est allés** au cinéma. passé composé	**On regarde** la télé. présent	Demain, **on va aller** à la piscine. futur composé
	Le film **était** génial. imparfait		Il **fera** beau. futur simple

G14 Das présent

*Du willst Ereignisse oder Situationen schildern, die in der **Gegenwart** stattfinden.*

1. J'**aime** dessiner et j'**adore** les BD. Tous les mois, j'**achète** un album. Mes parents me le **paient**.

Verben auf -er
Endungen: **-e, -es, -e, -ons, -ez, -ent**

*Die Verben auf **-er** haben im Präsens (Gegenwart) alle die gleichen Endungen (-e, -es, -e, -ons, -ez, -ent). Sie werden an den Stamm des Infinitivs angehängt:* regard → je regard**e**, tu regard**es** …

Stamm

→

2. Avec une copine, on **se prépare** à un concours de BD. Nous **nous partageons** le travail: ma copine **s'occupe** du scénario, puis on **se met** d'accord sur le story-board …

Reflexive Verben
Reflexivpronomen: me – te – se – nous – vous – se

> • *Reflexive Verben sind Verben, die immer von einem **Reflexivpronomen** begleitet werden:* **me, te, se, nous, vous, se**
> • *Die Reflexivpronomen* **me**, **te**, **se** *werden vor Vokal oder stummem h zu* **m'**, **t'** *und* **s'**: *z.B.:* je **m'**énerve, tu **t'**énerves, il / elle / on **s'**énerve
> • *Bei der **Verneinung** umschließt* ne … pas *das Reflexivpronomen und das Verb.*
>
> Je (ne) me lève (pas).

3. Maintenant, j'**attends** ma copine. Elle ne **répond** pas au téléphone.

Verben auf -*dre*
Endungen: **-s**, **-s**, **-t**, **-ons**, **-ez**, **-ent**

> *Die Verben auf* **-dre** *haben im Präsens (Gegenwart) alle die gleichen Endungen (-s, -s, -d, -ons, -ez, -ent). Sie werden an den Stamm des Infinitivs angehängt:* perd → je perd**s**, tu perd**s** …
> *Stamm*

4. Cet après-midi, je **pars** avec ma copine. Nous **partons** pour le festival de BD d'Angoulême.

Verben auf -*ir*
Endungen: **-s**, **-s**, **-t**, **-ons**, **-ez**, **-ent**

> *Die Verben auf* **-ir** *ohne Stammerweiterung haben im Präsens (Gegenwart) alle die gleichen Endungen (-s, -s, -t, -ons, -ez, -ent). Sie werden an den Stamm des Infinitivs angehängt:* par(t) / sor(t) → je par**s** / je sor**s**, tu par**s** / sor**s** …
> *Stamm*

5. Au programme, il y a plein d'expositions. Nous **choisissons** l'exposition des mangas.

Verben auf -*ir* mit Stamm-Erweiterung
Endungen: **-s**, **-s**, **-t**, **-issons**, **-issez**, **-issent**

> • *Die Verben auf* **-ir** *mit Stammerweiterung haben im Präsens (Gegenwart) alle die gleichen Endungen (-s, -s, -t, -issons, -issez, -issent). Sie werden an den Stamm des Infinitivs angehängt:* fini / choisi → je fini**s** / je choisi**s**, tu fini**s** / choisi**s** …
> *Stamm*
> • *Im **Plural** erweitern sich die Endungen um die Vorsilbe* **-iss** (nous fin**iss**ons / chois**iss**ons …)

6. Ça **fait** plaisir de rencontrer tous ces dessinateurs qui **viennent** au festival pour présenter leur BD. Maintenant, je **sais** que je **veux** devenir artiste.

Unregelmäßige Verben
z.B. **avoir – être – aller – faire – mettre – pouvoir – prendre – savoir – venir – vouloir**

Du findest die **Konjugation der Verben** in der Konjugationstabelle **→ G37**.

G15 Passé composé und imparfait

*Du willst ausdrücken, dass etwas **in der Vergangenheit** liegt oder geschah.*

Situation ou habitude

Pendant les grandes vacances, je **faisais** du vélo **tous les jours**. Comme il faisait beau, j'**allais souvent** à la mer avec les copains. Sur la plage, on **jouait** au beach-volley. Il y **avait** une super ambiance.

Action

Samedi dernier, une copine **a eu** un accident. Elle **est tombée** à cause d'une voiture qui **est passée** trop près d'elle.

Hier, Emma et Lina **sont allées** au lac à vélo.
Il **faisait** très chaud.
Emma **est allée** dans l'eau.
Mais l'eau **était** froide,
alors elle **est** vite **sortie.**
Ensuite, les deux copines **ont fait** du badminton.
Tout à coup, il **a commencé** à pleuvoir.
Alors, elles **ont** vite **rangé** leurs affaires.

Imparfait – *Hintergrund, Zustand, Gewohnheit*

Das **imparfait** *verwendest du,*
– *um **Zustände** und **Gefühle** zu schildern,*
– *um **Gewohnheiten** oder **wiederholte Handlungen** zu beschreiben.*

*Um **gewohnheitsmäßige Handlungen** auszudrücken, gibt es typische **Signalwörter**, z.B.:*
souvent, tous les jours, tous les samedis/ le samedi . . .

Passé composé – *Handlung*

Das **passé composé** *verwendest du,*
– *um über **Ereignisse** oder **einmalige Handlungen** zu sprechen.*

*Für **aufeinander folgende** oder **plötzlich eintretende Ereignisse** (Ereignisketten) gibt es typische **Signalwörter**, z.B.:*
un jour, samedi dernier, d'abord . . . ensuite . . . puis . . . tout à coup . . .

→ Déjà vu 6

G16 Das imparfait

avoir *haben*	
J' avais	
Tu avais	
Il/Elle/On avait	
Nous avions	froid.
Vous aviez	
Ils/Elles avaient	

Zum **Gebrauch des imparfait** s. **→ G15**.

• *Das **imparfait** ist eine Zeitform der Vergangenheit, die du verwendest,*
– *um Zustände und Gefühle zu schildern,*
– *um Gewohnheiten oder wiederholte Handlungen zu beschreiben.*
• *Das imparfait wird von der 1. Pers Pl. Präsens abgeleitet. An den Stamm der 1. Pers Pl. Präsens hängt man folgende Endungen:*
-ais, -ais, -ait, -ions, -iez, -aient:
nous av-ons → j'avais, nous avions
nous fais-ons → je faisais, nous faisions

G17   Das passé composé

1. Das passé composé mit *avoir*

Das **participe passé** bleibt **unverändert.**

– Qu'est-ce qu'**elle a fait** hier?	– **Elle a préparé** un pique-nique.	• passé composé mit **avoir**

- *Das* **passé composé** *verwendest du, um über* **Ereignisse** *oder* **Handlungen** *zu sprechen, die* **vergangen** *sind.*
- *Die meisten Verben bilden das* **passé composé** *mit* **avoir***.*
- *Das* **passé composé** *(„zusammengesetzte Vergangenheit") setzt sich aus zwei Elementen zusammen:*
  Elle **a**   prépar**é** …
       avoir + participe passé
- *Die Verben auf* **-er** *bilden das participe passé auf* **-é** *(regard*er *– j'*ai *regard*é*)*
- *Bei der* **Verneinung** *des* **passé composé** *umklammern* **ne** *und* **pas** *die Form von* **avoir***:*

  Je ⬭n'⬭ ai ⬭pas⬭ fait mes devoirs.

[*] Das **participe passé** wird **an das direkte Objekt** angeglichen, **wenn dieses vorangestellt ist**.

– Voilà les photos que **j'ai pris**es.	– J'ai rencontré Farid et Théo.	• **Objekt** bzw. **Objektpronomen** **vor** passé composé mit **avoir**
– Mais tu me **les as** déjà montr**ées**!	– Tu les **as rencontrés** où?	
	– **J'ai vu** Lina.	
	– Tu l'**as vue** où?	

Das **participe passé** *mit* **avoir** *ist fast immer unveränderlich. Aber:*
– *Wenn ein* **direktes Objektpronomen vor** avoir *steht, wird das* **participe passé** *in Geschlecht und Zahl an dieses* **angeglichen**.
– *Wenn das* **passé composé** *in einem* **Relativsatz mit** que *steht, wird das* **participe passé** *in Geschlecht und Zahl an das Nomen* **angeglichen***, auf das sich der Relativsatz bezieht.*

→ *En plus 13*

2. Das passé composé mit *être*

Das **participe passé** wird **an das Subjekt** angeglichen.

Dimanche matin, Lina et Emma **sont allées** à un lac en VTT. Elles se **sont levées** tôt. A midi, Farid et Théo **sont arrivés.** Emma **est allée** dans l'eau. Les autres **sont restés** sur la plage.	• passé composé **mit être**: **aller, arriver, entrer, rentrer, rester, monter, tomber, partir, sortir, venir.** • reflexive Verben, z.B.: **se préparer, se lever**

[*] rezeptive Grammatik

> Wenn das **participe passé** mit **être** gebildet wird, muss man es an das **Subjekt** angleichen:
>
> Subjekt = eine *männliche* Person / ein *männlicher* Gegenstand → –
>
> Subjekt = eine *weibliche* Person / ein *weiblicher* Gegenstand → **-e**
>
> Subjekt = mehrere *männliche* Personen / mehrere *männliche* Gegenstände oder gemischte Gruppen von Personen oder Gegenständen → **-s**
>
> Subjekt = mehrere *weibliche* Personen / mehrere *weibliche* Gegenstände → **-es**

3. Die Bildung des passé composé

1. mit *avoir*		2. mit *être*	
j'**ai** regard**é** un film	je l'**ai** regard**é**	**je** suis all**é**	**je** suis all**ée**
tu **as** regard**é** la télé	tu l'**as** regard**ée**	**tu** es all**é**	**tu** es all**ée**
il / elle **a** regard**é** …		**il** est all**é**	**elle** est all**ée**
on **a** regard**é** des films	on les **a** regard**és**	**on** est all**és**	**on** est all**ées**
nous **avons** regard**é** …		**nous** sommes all**és**	**nous** sommes all**ées**
vous **avez** regard**é** des BD	vous les avez regard**ées**	**vous** êtes all**és**	**vous** êtes all**ées**
ils / elles **ont** regard**é** …		**ils** sont all**és**	**elles** sont all**ées**

Zum **Gebrauch** des **passé composé** s. → **G15**

Beachte:

avoir → **j'ai eu**	perdre → **j'ai perd**u	lire →	**j'ai lu**	faire →	**j'ai fait**
être → **j'ai été**	vendre → **j'ai vend**u	recevoir →	**j'ai reçu**	dire →	**j'ai dit**
	dorm**ir** → **j'ai dormi**	concevoir →	**j'ai conçu**	ouvrir →	**j'ai ouvert**
	chois**ir** → **j'ai choisi**	prendre →	**j'ai pris**	offrir →	**j'ai offert**
		mettre →	**j'ai mis**		

Weitere Formen findest du in der **Konjugationstabelle** → **G37**.
Die **Verneinung** des **passé composé** findest du in → **G27**.

> *Hier kannst du das* **imparfait** *und das* **passé composé** *üben. Die Lösungen findest du auf S. 65.*

Alles klar? – Du bist dran!

2 Le blog de Sara → Du kannst diese Aufgabe nach Dossier 4 (a) bzw. Lire 3 (b) bearbeiten.

a Mets les verbes à l'**imparfait** ou au **passé composé**. Ecris dans ton cahier.

Cet été je / j'■ *(participer)* pour la première fois à un chantier international. Il y ■ *(avoir)* des bénévoles du monde entier. Alors tous les jours, je / j'■ *(entendre)* parler anglais, allemand, turc, japonais et russe. Le matin, on ■ *(préparer)* toujours le petit-déjeuner ensemble. Ce / C'■ *(être)* un groupe formidable. Un jour nous ■ *(faire)* un jardin sur un terrain qui ■ *(être)* complètement désertique. D'abord, on ■ *(travailler)* la terre, puis tout le monde ■ *(planter)* des arbres et des fleurs et on ■ *(mettre)* beaucoup d'eau. Ensuite nous ■ *(s'occuper)* pendant une semaine de ce jardin.

b Le blog continue. *Finde die angeglichenen Participe passé-Formen und deren Bezugswort.*

Ces deux chantiers internationaux, je les ai adorés. J'ai beaucoup aimé le travail en groupe et l'ambiance entre les jeunes. Et même les tâches quotidiennes! On les a organisées en équipe et tout le monde a participé. En fait, c'était très sympa de faire la cuisine ensemble. Je n'aimais pas trop faire la vaisselle, mais je ne l'ai faite que deux fois. Dans l'ensemble, c'est une expérience que j'ai vraiment aimée et que je voudrais recommencer.

G18   Das plus-que-parfait

*Du willst ein Geschehen beschreiben, das zeitlich **vor** einem anderen **Geschehen** in der **Vergangenheit** liegt.*

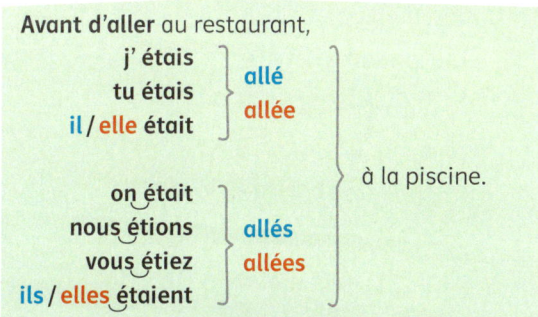

Avant d'aller au cinéma,
j' avais
tu avais
il / elle / on avait   **regardé** le programme.
nous avions   **lu** les critiques.
vous aviez   **réservé** des places.
ils / elles avaient

Avant d'aller au restaurant,
j' étais   allé
tu étais   allée
il / elle était

on était   allés   à la piscine.
nous étions   allées
vous étiez
ils / elles étaient

- *Mit dem **plus-que-parfait** beschreibst du ein Geschehen, das zeitlich **vor** einem anderen Geschehen **in der Vergangenheit** liegt.*
- *Das **plus-que-parfait** bildest du mit der **Imparfait**-Form von **avoir** bzw. **être** und dem **participe passé.***

→ *En plus 12*

*Hier kannst du das **plus-que-parfait** üben. Die Lösungen findest du auf S. 65.*

Alles klar? – Du bist dran!

3 L'Algérie → Du kannst diese Aufgabe nach Dossier 5 bearbeiten.
Complète les phrases avec le **plus-que-parfait**. Ecris dans ton cahier.

En 1962, l'Algérie a obtenu son indépendance. Au 19e siècle, ce pays
d'Afrique du nord ■ *(devenir)* une colonie française. A cette époque,
beaucoup de Français ■ *(immigrer)* dans le nord de l'Algérie. Les
grands-parents d'Olivia y ■ *(aller)* aussi et ■ *(s'y installer)* avec leur
famille. La mère d'Olivia, qui ■ *(naître)* en Algérie avait beaucoup de
souvenirs. Ses parents ■ *(acheter)* une grande ferme et ils ■ *(travailler)*
très dur. Après toutes ces années, la famille se sentait chez elle en
Algérie. Alors le retour en France a été difficile.

*G19   Das passé simple

<table>
<tr><td colspan="2">Verben auf -er</td><td colspan="2">Verben auf -ir</td></tr>
</table>

trouver *finden*		partir *abfahren*	
Je	trouv**ai**	Je	part**is**
Tu	trouv**as**	Tu	part**is**
Il / Elle / On	trouv**a**	Il / Elle / On	part**it**
Nous	trouv**âmes**	Nous	part**îmes**
Vous	trouv**âtes**	Vous	part**îtes**
Ils / Elles	trouv**èrent**	Ils / Elles	part**irent**

le bonheur. … un soir.

Gebräuchliche Formen einiger unregelmäßiger Verben

avoir	il **eut**	nous **eûmes**	ils **eurent**	prendre	elle **prit**	nous **prîmes**	elles **prirent**
être	il **fut**	nous **fûmes**	ils **furent**	venir	elle **vint**	nous **vînmes**	elles **vinrent**
faire	il **fit**	nous **fîmes**	ils **firent**	voir	elle **vit**	nous **vîmes**	elles **virent**
mettre	il **mit**	nous **mîmes**	ils **mirent**	vouloir	elle **voulut**	nous **voulûmes**	elles **voulurent**

- *Das **passé simple** wird in der **literarischen Sprache** verwendet. Es ersetzt das **passé composé**. Du solltest diese Formen erkennen, brauchst sie aber nicht zu lernen.*
- *Bei den **Verben** auf **-er** hängt man an den Verbstamm folgende Endungen an:*
  -ai, -as, -a, -âmes, -âtes, -èrent
- *Bei den **Verben** auf **-ir** hängt man an den Verbstamm folgende Endungen an:*
  -is, -is, -it, -îmes, -îtes, -irent

→ *En plus 9*

*rezeptive Grammatik

*Hier kannst du das **passé simple** üben.*
Die Lösungen findest du auf S. 65.

Alles klar? – Du bist dran!

4 Les Européens et l'Afrique → Du kannst diese Aufgabe nach Lire 2 bearbeiten.

Trouve les verbes au **passé simple**. Remplace ces formes par le passé composé et écris
le texte dans ton cahier. C'est un style plus facile à écrire et c'est correct aussi!

Il y a environ 500 ans, beaucoup d'Européens immigrèrent et partirent pour l'Afrique.
A l'époque c'était un long voyage de traverser la mer Méditerranée. Les Européens
s'installèrent dans différentes régions, exploitèrent les territoires des Africains et firent
du commerce ou achetèrent des terrains pour faire de l'agriculture. Au 19e siècle,
les puissances coloniales européennes créèrent des frontières sans respecter
les peuples africains ni leurs origines, ce qui provoque encore aujourd'hui des conflits
et des guerres.

G20 Futur composé und futur simple

*Du willst ausdrücken, was **in naher**
oder **ferner Zukunft** geschehen wird.*

Das *futur composé* wird meist in der
gesprochenen Sprache verwendet, z. B. wenn du
sagen willst, was du demnächst vorhast.

Das *futur simple* verwendet man eher in der
geschriebenen oder in der **offiziellen Sprache**,
z. B. im Wetterbericht.

Qu'est-ce que **tu vas faire** ce week-end?

Je ne sais pas.

Demain, il y **aura** des nuages et il **pleuvra** en Normandie.

1. Das futur composé

Je	vais
Tu	vas
Il / Elle / On	va
Nous	allons
Vous	allez
Ils / Elles	vont

faire la fête avec des copains.

aller + Infinitiv

Du bildest das *futur composé* mit den
Formen von **aller + Infinitiv**.

Die **Verneinung** des **futur composé**
findest du in → G27.

- *Das **futur composé** („zusammengesetzte Zukunft") setzt sich aus zwei Elementen zusammen:*

  Je **vais**   chatt**er** avec mes amis.

  aller + Infinitiv

- *Mit dem **futur composé** drückt man aus, was in der nahen Zukunft geschehen wird.*
- *Bei der **Verneinung** des **futur composé** umklammern **ne** und **pas** die Form von **aller**:*

  Je 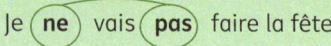 faire la fête.

2. Das futur simple

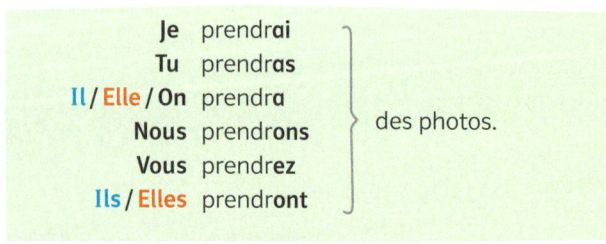

Je	prendr**ai**	
Tu	prendr**as**	
Il / Elle / On	prendr**a**	
Nous	prendr**ons**	des photos.
Vous	prendr**ez**	
Ils / Elles	prendr**ont**	

- *Das **futur simple** hat die Endungen:*
  -ai, -as, a, -ons, -ez, -ont.
- *Es wird wie das **conditionnel** vom **Infinitiv abgeleitet**. → **G21**.*

- *Das **futur simple** bezeichnet eher die **ferne Zukunft** bzw. die Zukunft, die von der Gegenwart losgelöst ist (z. B.: demain, l'année prochaine, dans deux mois etc.).*
- *Das **futur simple** ist vor allem **in der geschriebenen Sprache** zu finden. In der **gesprochenen Sprache** werden sowohl das **futur composé** als auch das **futur simple** verwendet.*

Unregelmäßige Verben

avoir	être	faire	aller	venir
il aura	elle sera	on fera	elle ira	il viendra

*Bei **unregelmäßigen Verben** verändert sich im futur simple meist der Stamm.*

Weitere Formen findest du in der **Konjugationstabelle → G37**.

→ Déjà vu 1

Hier kannst du das **futur composé** *und das* **futur simple** *üben.*
Die Lösungen findest du auf S. 65.

Alles klar? – Du bist dran!

5 **Vivre à Paris**   → Du kannst diese Aufgabe nach Dossier 1 bearbeiten.
Mets les verbes au **futur composé (f. c.)** ou au **futur simple (f. s.)**. Ecris dans ton cahier.

Demain, Soraya, 24 ans, ■ *(se présenter, f. c.)* dans une entreprise à Paris.
Soraya: Comme j'habite à Poitiers, je ■ *(prendre, f. c.)* le premier TGV qui
part pour Paris. J'espère que les responsables de l'entreprise ■ *(me
donner, f. c.)* ce poste, car j'aimerais vraiment vivre et travailler à Paris. Si
j'obtiens le poste, je ■ *(chercher, f. s.)* un petit appartement. Quand je ■
(être, f.s.) bien installée, mon ami Vincent ■ *(venir, f. s.)* me rejoindre et il
■ *(essayer, f. s.)* de trouver un emploi, lui aussi. Si nous avons assez
d'argent, nous ■ *(acheter, f. s.)* dans quelques années un appartement
dans la banlieue de Paris.

G21   Das conditionnel

Du willst einen **Wunsch**, *eine* **Bitte** *oder
eine* **Vermutung** *äußern, eine* **Möglichkeit**
ausdrücken oder einen **Vorschlag** *machen.*

1. Conditionnel présent

– **Tu voudrais** aller avec moi à Marseille?
– **Je n'aurais** jamais assez d'argent pour payer l'avion!
– **On pourrait** prendre le bus.
– Si j'avais plus d'argent, **je pourrais** me payer l'avion et
  un hôtel chic.

J'	aimer**ais**	
Tu	aimer**ais**	
Il / Elle / On	aimer**ait**	
Nous	aimer**ions**	aller à la mer.
Vous	aimer**iez**	
Ils / Elles	aimer**aient**	

Das **conditionnel** hat dieselben **Endungen** wie das **imparfait**: `-ais`, `-ais`, `-ait`, `-ions`, `-iez`, `-aient`.

Verben auf *-er*	aimer → j'**aimer**ais		• Ableitung vom **Infinitiv**
Verben auf *-ir*	partir → je **partir**ais		
Verben auf *-dre*	attendre → j'**attendr**ais		• Ableitung vom Infinitiv,
Verben auf *-re*	conduire → je **conduir**ais		das **-e entfällt**
Unregelmäßige Verben	aller → j'**ir**ais	mettre → je **mettr**ais	• meist **Veränderungen**
	avoir → j'**aur**ais	pouvoir → je **pourr**ais	**im Stamm**
	être → je **ser**ais	venir → je **viendr**ais	vergleiche **futur simple**
	faire → je **fer**ais	vouloir → je **voudr**ais	→ **G20**.

Weitere Formen findest du in der **Konjugationstabelle** → **G37**.

→

- *Mit dem* **conditionnel** *kannst du einen* **Wunsch**, *eine* **Möglichkeit**, *eine* **Vermutung** *oder einen* **Ratschlag** *ausdrücken.*
- *Das* **conditionnel présent** *hat dieselben* **Endungen** *wie das* **imparfait:**
  -ais, -ais, ait, -ions, -iez, -aient
- *Bei den* **Verben** *auf* -**er** *und* -**ir** *hängt man diese Endungen an den* **Infinitiv:**
  aimer → j'aimerais, partir → je partirais
- *Bei den* **Verben** *auf* -**dre** *und* -**re** *fällt das* -e *beim* **Infinitiv** *weg:*
  attendre → j'attendrais, conduire → je conduirais
- *Bei den* **unregelmäßigen Verben** *verändert sich meist der Stamm.*

→ Déjà vu 2

Du willst ausdrücken, dass ein **Geschehen** *in der Vergangenheit* **hätte stattfinden können.**

*2. Conditionnel passé

J'aurais aimé aller à la mer pour le 1er mai. Je serais partie très tôt le matin avec des copains et on serait restés là-bas toute la journée. Mais il faisait trop froid.

Conditionnel passé mit *avoir*

J'aurais aimé	
Tu aurais aimé	
Il / Elle / On aurait aimé	aller à la mer.
Nous aurions aimé	
Vous auriez aimé	
Ils / Elles auraient aimé	

Conditionnel passé mit *être*

Je serais / Tu serais / Il / Elle serait — parti / partie tôt.

On serait / Nous serions / Vous seriez / Ils / Elles seraient — partis / parties tôt.

- *Mit dem* **conditionnel passé** *kannst du ausdrücken, dass ein Geschehen in der Vergangenheit hätte stattfinden können.*
- *Das* **conditionnel passé** *der* **Verben der Bewegungsrichtung** *und der* **reflexiven Verben** *wird gebildet mit dem* **conditionnel présent** *von* **être** *und dem* **participe passé**. *Das* **participe passé** *wird dabei wie beim passé composé (→ G 17) an das Subjekt angeglichen.*
- *Das* **conditionnel passé** *aller* **anderen Verben** *wird gebildet mit dem* **conditionnel présent** *von* **avoir** *und dem* **participe passé**.

→ En plus 10

Si-Sätze mit **conditionnel présent** und **passé** findest du in → **G34**.

*rezeptive Grammatik

Hier kannst du das **conditionnel présent** *üben. Die Lösungen findest du auf S. 65.*

Alles klar? – Du bist dran!

6 **L'appartement de mes rêves** → Du kannst diese Aufgabe nach Dossier 1 oder 5 bearbeiten.
Complète le texte avec les verbes au conditionnel présent. Ecris le dans ton cahier.

Pierre, un jeune étudiant, vit dans une chambre à Paris. Mais il en a marre de la grande ville.
Il rêve de déménager dans une petite ville et d'avoir un appartement avec sa copine:
Nous ■ *(aimer)* habiter dans un appartement de quatre pièces. Il nous ■ *(falloir)* une chambre
d'amis pour loger les copains et la famille. Comme ça, nos invités ■ *(pouvoir)* rester chez
nous pour passer la nuit. En plus, j'■ *(avoir)* besoin d'un bureau avec mon ordinateur
pour travailler. Ce ■ *(être)* l'idéal!

Hier kannst du das **conditionnel passé** *üben. Die Lösungen findest du auf S. 66.*

7 **Si je n'étais pas parti …**
Ahmed, un jeune français, parle de son voyage en Algérie. Trouve les verbes au conditionnel passé.

Ahmed: Si je n'étais pas parti en Algérie cette année, je n'aurais pas fait la connaissance de mes
cousins et je serais resté en France pendant les vacances. A Alger, j'ai pu discuter avec des amis de
mes grands-parents. Si j'avais eu un peu plus de temps, j'aurais appris encore plus de choses
sur ma famille. Malheureusement je n'avais que trois semaines pour visiter le pays. J'aurais aimé y
rester plus longtemps. La prochaine fois, peut-être …

Du willst deine **Gefühle**, **Wünsche**, *eine* **zwingende Notwenigkeit** *oder deine* **persönliche Einschätzung** *ausdrücken.*

G22   Der subjonctif

Nach folgenden Ausdrücken muss
immer der **subjonctif** stehen:

Er steht außerdem in **Nebensätzen**,
die mit **pour que** gebildet werden.

Je voudrais que …
J'aimerais que …
Je préfère que …
Je propose que …
Je suis content(e) que …

Il faut que …
Il est important que …
Il est possible que …
C'est dommage que …

Il faut que j'aille chez le coiffeur.

Je propose qu'on fasse une pause.

J'appelle mon père pour qu'il vienne nous chercher.

	partir
Il faut	que je part**e**.
	que tu part**es**.
	qu'il / elle / on part**e**.
	que nous part**ions**.
	que vous part**iez**.
	qu'ils / elles part**ent**.

Bildung:
ils partent → il faut que **je parte**

Endungen:
-e, **-es**, **-e**, **-ions**, **-iez**, **-ent**

- *Ausgangsform für die **Bildung** des **subjonctif** ist der Stamm der 3. Person Plural Präsens der Verben. An den **Stamm der Verben** werden die Endungen -**e**, -**es**, -**e**, ions, -**iez**, -**ent** angehängt.*
- *Der **subjonctif**-Satz (Nebensatz) wird immer mit **que** oder **qu'** eingeleitet.*
- *Der **subjonctif** steht nach Verben oder Ausdrücken, die **Gefühle**, **Wünsche**, eine **zwingende Notwenigkeit** oder eine **persönliche Einschätzung** zum Ausdruck bringen.*

Unregelmäßige Verben

avoir	être	aller	faire	prendre
que/qu'…	**que/qu'…**	**que/qu'…**	**que/qu'…**	**que/qu'…**
j'aie	je sois	j'aille	je fasse	je prenne
tu aies	tu sois	tu ailles	tu fasses	tu prennes
il / elle / on ait	il / elle / on soit	il / elle / on aille	il / elle / on fasse	il / elle / on prenne
nous ayons	nous soyons	nous allions	nous fassions	nous prenions
vous ayez	vous soyez	vous alliez	vous fassiez	vous preniez
ils / elles aient	ils / elles soient	ils / elles aillent	ils / elles fassent	ils / elles prennent

Weitere Formen findest du in der **Konjugationstabelle** → **G37**.

→ Déjà vu 3

*Hier kannst du den **subjonctif** üben. Die Lösungen findest du auf S. 66.*

Alles klar? – Du bist dran!

8 Créer un nouveau quartier → Du kannst diese Aufgabe nach Dossier 1 bearbeiten.
Un architecte présente ses idées pour un nouveau quartier. Mets les verbes au **subjonctif**.
Ecris le texte dans ton cahier et souligne les expressions qui entraînent le subjonctif.

Je propose que nous ■ *(créer)* des espaces partagés dans le quartier. Il faut qu'il y ■ *(avoir)*
des magasins. Il est important qu'on ■ *(ne pas devoir)* aller trop loin pour faire les courses. Mais je
suis content que nous ■ *(construire)* un grand nombre d'appartements. J'aimerais aussi
que vous ■ *(penser)* aux jardins pour que les habitants ■ *(pouvoir)* se rencontrer. Enfin, je suis
très content que des jeunes et des personnes âgées ■ *(habiter)* dans le même quartier.

G23 Der impératif

Du willst jemanden **bitten** oder **auffordern**, etwas zu tun oder zu lassen.

Ecoute.

Ecoutez.

Ecoutons.

Ouvre la fenêtre, s'il te plaît.
Aidez-moi, s'il vous plaît.
Dépêche-toi.

Viens.
Ne **fais** pas ça.
Prends mon vélo.

Beachte: Va**s**-y. [vazi]
aber: **N'y va pas.**

Weitere Formen findest du in der **Konjugationstabelle** → **G37**.

Höflicher ist es aber, deine Bitte als **Frage** zu formulieren: Pourriez-vous m'aider, s'il vous plaît?

Vergleiche:

Regardez les photos.
Regardez-**les.**
Ne regardez **pas** les photos.
Ne **les** regardez **pas.**

Montre-**lui** les photos.
Montre-**les**-**lui.**
Ne **lui** montre **pas** les photos.
Ne **les lui** montre **pas.**

Siehe auch **Imperativ** bei **direkten** und **indirekten Objektpronomen** → **G6 – 8**.

- Mit dem **Imperativ** kannst du jemanden **bitten** oder **auffordern**, etwas zu tun oder zu lassen. Du kannst auch einen Vorschlag machen.
- Der **Imperativ Singular** hat die gleiche Form wie die 1. Person Singular (j'écout**e** – Ecout**e**.)
- Der Imperativ Plural hat die gleiche Form wie die 2. Person Plural (vous écout**ez** – Ecout**ez**.) oder, wenn die Aufforderungs an alle gerichtet ist, die gleiche Form wie die 1. Person Plural (nous écout**ons** – Ecout**ons**.)

→ *En plus 1*

Alles klar? – Du bist dran!

Hier kannst du den **Imperativ mit zwei Pronomen** üben. Die Lösungen findest du auf S. 66.

9 Evite le gaspillage

Fais des phrases avec l'impératif et des pronoms.

1. Tu peux me montrer les appareils qui sont cassés?
   S'il te plaît, montre-■-■ tout de suite.
2. Tu veux donner des vêtements aux pauvres …
   Bonne idée. Donne-■-■.
3. Tu pourrais me vendre ton vélo.
   Vends-■-■ pour 70 euros.
4. Tu pourrais donner ta vieille télé à ton voisin.
   Donne-■-■, s'il la veut.

G24 *aller faire / être en train de faire / venir de faire*

Elle va faire du jogging.

Elles sont en train de faire du jogging.

Elles viennent de faire du jogging.

*Mit dem Ausdruck **aller faire qc** drückst du aus, was jemand gleich machen wird.*

*Mit dem Ausdruck **être en train de faire qc** drückst du aus, was jemand gerade macht oder was gerade geschieht.*

*Mit dem Ausdruck **venir de faire qc** drückst du aus, was jemand gerade gemacht hat oder was gerade geschehen ist.*

G25 Verben mit Infinitivergänzung

– Qu'est-ce que **vous aimeriez faire**?
– **J'ai envie de faire** une balade à vélo.
  Moi, **je préfère aller** à la piscine.
– Regardez, **il commence à pleuvoir**.
  Je propose d'aller au cinéma.
– **Je dois rentrer** à dix heures.

– **Tu sais parler** l'espagnol?
– Non, mais **je veux l'apprendre**.

– Je n'**arrive** pas **à réparer** mon vélo.
  Tu peux m'**aider**?
– **Laisse**-moi **faire**. Oh, c'est trop compliqué.
  Fais-le **réparer** par un spécialiste.

– C'est un humoriste, **il fait rire** tout le monde.
  On va essayer d'avoir des bonnes places.

– Est-ce qu'**on a le droit de prendre** des photos?
– Non.

– *Was möchtet ihr machen?*
– *Ich habe Lust auf eine Fahrradtour.*
– *Ich möchte lieber ins Schwimmbad gehen.*
– *Seht mal, es fängt an zu regnen.*
  Ich schlage vor, ins Kino zu gehen.
– *Ich muss um 10 Uhr zu Hause sein.*

– *Sprichst du Spanisch?*
– *Nein, aber ich möchte es lernen.*

– *Es gelingt mir nicht, mein Fahrrad zu reparieren.*
  Kannst du mir helfen?
– *Lass mich mal machen.*
– *Lass es von einem Fachmann reparieren.*

– *Er ist ein Komiker, er bringt alle zum Lachen.*
  Wir werden versuchen, gute Plätze zu bekommen.

– *Ist es erlaubt zu fotografieren?*
– *Nein.*

aimer préférer devoir pouvoir savoir vouloir faire laisser	**+ infinitif**	avoir envie **de** essayer **de** permettre **de** proposer **de**	**+ infinitif**	arriver **à** commencer **à**	**+ infinitif**

*Im Französischen kannst du an ein Verb einen **Infinitiv** anhängen, um Handlungen und Tätigkeiten auszudrücken.*

- *An die Verben **aimer**, **vouloir**, **pouvoir**, **devoir**, **savoir**, **faire**, **laisser** und **préférer** kann man den Infinitiv direkt an das Verb anhängen. Die Wortfolge in diesen Infinitivsätzen ist:*

Je	**veux**	**apprendre**	**le français.**
Subjekt +	*vouloir +*	*Infinitiv +*	*Objekt*

- *Bei den Verben und Ausdrücken **commencer à (faire qc)**, **arriver à (faire qc)**, **avoir envie de**, **avoir le droit de**, **essayer de**, **permettre de** und **proposer de (faire qc)** musst du den Infinitiv mit der **Präposition** à oder de anschließen.*

→ Déjà vu 7

*Hier kannst du die **Verben mit Infinitivergänzung** üben. Die Lösungen findest du auf S. 66.*

Alles klar? – Du bist dran!

10 Mon avenir professionnel   → Du kannst diese Aufgabe nach Dossier 4 bearbeiten.
Laura parle de ses intentions professionnelles. Traduis les phrases en français. Ecris dans ton cahier.

1. Ich möchte ein Praktikum in einem französischen Unternehmen machen.
2. Später würde ich gerne eine Arbeit dort finden.
3. Ich kann Software programmieren.
4. Ich muss immer meine Informatikkenntnisse verbessern.
5. Ich habe auch Lust, ins Ausland zu gehen,
6. denn ich kann gut Englisch und Spanisch sprechen.
7. Deshalb werde ich versuchen, ein internationales Unternehmen zu finden.

G26 En attendant – Das gérondif

*Du willst erklären, **wie** etwas geschieht, oder dass **zwei Handlungen gleichzeitig** stattfinden.*

Il regarde la télévision **en mangeant** des cacahouètes.
Il apprend plein de choses **en regardant** les documentaires à la télé.

Das **gérondif** wird von der **1. Pers. Pl. Präsens** abgeleitet:
nous regardons → **en** regard**ant**
nous lisons → **en** lis**ant**
nous mang**e**ons → **en** mang**eant**

*Das **gérondif** wird so gebildet:*
- *Ableitung von der **1. Person Plural Präsens**.*
- *An den Stamm der 1. Person Plural Präsens wird die Endung **-ant** angehängt.*
- *Vor der Verbform auf **-ant** steht die **Präposition** en.*
- *Das **gérondif** ist unveränderlich.*

*Mit dem **gérondif** kannst du:*
- *die Gleichzeitigkeit zweier Handlungen ausdrücken.*
- *die Art und Weise eines Vorgangs/Geschehens ausdrücken.*

*Das **gérondif** kann nur stehen, wenn Haupt- und Nebensatz das **gleiche Subjekt** haben.*

→ **En plus 4**

Alles klar? – Du bist dran!

*Hier kannst du das **gérondif** üben. Die Lösungen findest du auf S. 66.*

11 En lisant une BD ... → Du kannst diese Aufgabe nach Dossier 3 bearbeiten.

Fais des phrases en utilisant le **gérondif**. Ecris dans ton cahier.

a Qu'est-ce que Thomas fait en même temps?

1. Il lit une BD et il écoute de la musique.
2. Il fait du jogging et il parle.
3. Il chatte et il regarde des dessins animés.

b Comment est-ce qu'on prépare une BD?

1. noter ses idées
2. faire un story-board
3. dessiner des croquis

Die Verneinung

G27 Die Verneinung in verschiedenen Zeiten

Auf eine verneinte Frage antwortest du mit «si» (doch).

présent

– Tu	ne	joues	plus			au tennis?
– Non, je	n' en	ai	plus			envie,
mais je	ne	dis	rien			à mes parents.
– Tu	ne	veux	pas	leur en	parler?	

futur simple

– Non, je	ne	parlerai	ni	à mon père	ni	à ma mère.
– Mais sans toi, il	n' y	aura	pas			assez de joueurs.

futur composé

Ses parents	ne	vont	pas	comprendre.

passé composé

– Tu	n'	as	jamais	vu	de film en anglais?
– Si, mais aujourd'hui, je	n'	ai presque	rien	compris.	
Je	n'	ai compris	que		le début de l'histoire.

imparfait

D'ailleurs, le film	n'	était	pas	bien,
	ni	l'histoire	ni	les acteurs.

plus-que-parfait

– Tu	n'	avais	pas	lu	les critiques avant d'y aller?
– Non, je	n' y	avais	pas	pensé.	

- *Im Französischen bildest du die Verneinung mit den beiden Wörtern* **ne** *und* **pas**.
- *Sie umklammern das Verb:*

Farid (**ne**) va (**pas**) au stade. / Lina (**n'**) a (**pas**) trouvé son sac.

- *Vor Vokal oder „stummem h" wird* **ne** *zu* **n'**.

Vergleiche:

Je **n'**entends **personne**.	*Ich höre niemanden.* →	**Personne ne** parle.	*Niemand spricht.*
Je **ne** vois **rien**.	*Ich sehe nichts.* →	**Rien ne** se passe.	*Nichts geschieht.*

→

ne … pas	*nicht*	ne … personne	*niemanden*
ne … pas encore	*noch nicht*	ne … rien	*nichts*
ne … plus	*nicht mehr*		
ne … jamais	*nie*	Personne ne …	*Niemand*
ne … ni … ni	*weder … noch*	Rien ne …	*Nichts*
ne … que …	*nur*		

Die **Verneinung** des **Imperativs** findest du in → **G23**.

Der Satz

G28   Der einfache Satz

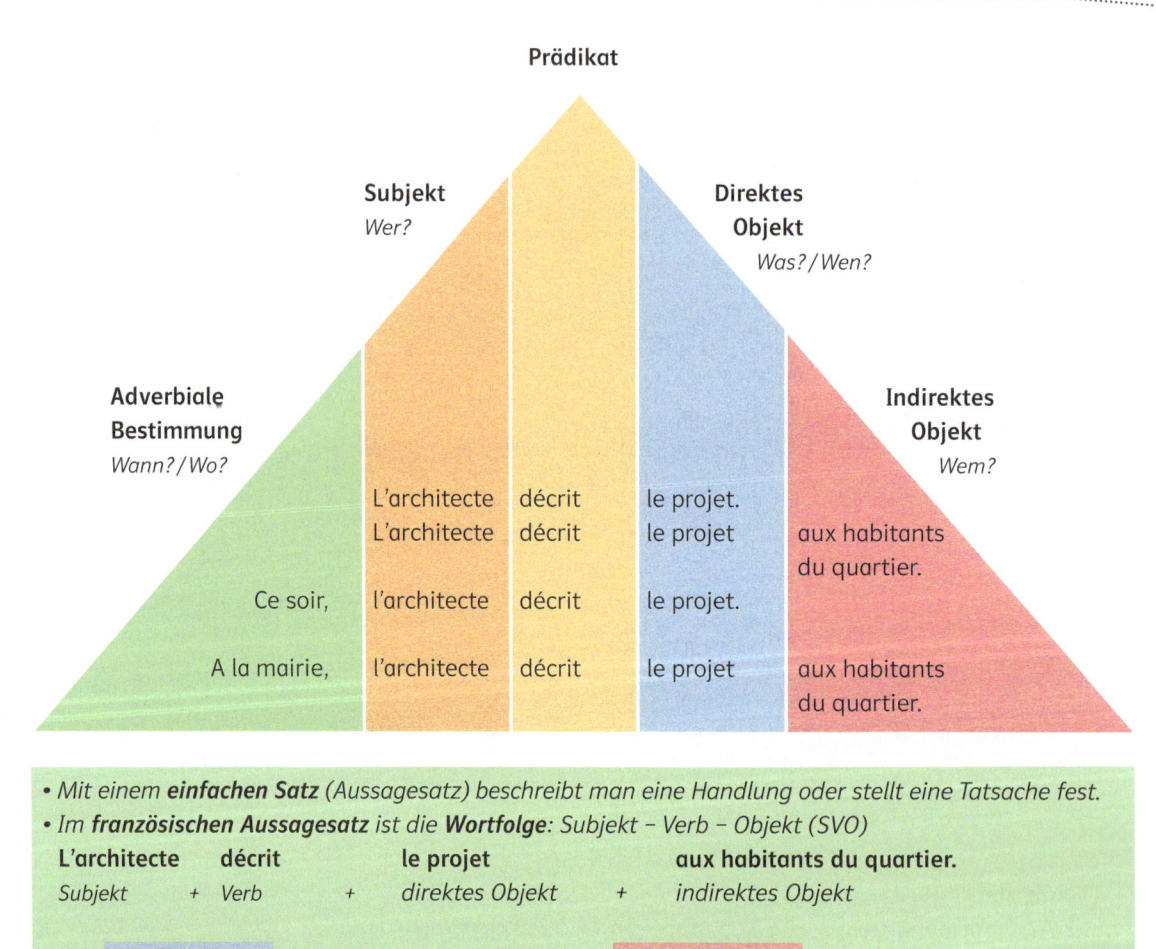

- *Mit einem **einfachen Satz** (Aussagesatz) beschreibt man eine Handlung oder stellt eine Tatsache fest.*
- *Im **französischen Aussagesatz** ist die **Wortfolge**: Subjekt – Verb – Objekt (SVO)*

L'architecte	**décrit**		**le projet**		**aux habitants du quartier.**
Subjekt	+	*Verb*	+	*direktes Objekt* +	*indirektes Objekt*

- *Das* **direkte Objekt** *steht **direkt nach dem Verb**, das* **indirekte Objekt** *folgt darauf.*
  *Es wird immer mit der **Präposition** à (au, à la, à l', aux) angeschlossen.*

→

Subjekt	Pronomen	Prädikat	Direktes Objekt	Indirektes Objekt	
Wer?			Was?/Wen?	Wem?	
L'agent immobilier		fait visiter	l'appartement	aux clients.	• **Objektpronomen** stehen **vor dem Verb.**
Il	leur	montre aussi	le balcon.		
Les clients	le	trouvent trop petit.			
L'agent immobilier		veut montrer	les espaces partagés	aux clients.	• **In Infinitivsätzen** stehen die Objektpronomen **vor dem Infinitiv.**
Il		va leur montrer	le garage à vélos.		
Les clients		visitent	l'appartement.		
Ils	y	restent longtemps.			
Les clients		ont pris	des photos.		• Die Pronomen **y** und **en** stehen **vor dem Verb.**
Ils	en	donnent	deux	à l'agent.	

> • *Pronomen* stehen in der Regel **direkt vor dem Prädikat**:
>   Il **leur montre** aussi le balcon.
> • *In manchen Fällen stehen sie* **vor dem Infinitiv**:
>   Il va **leur montrer** le garage à vélos.

G29 Der komplexe Satz

> *Um zwei Hauptsätze oder einen Haupt- und Nebensatz miteinander zu verbinden, kann man eine **Konjunktion** benutzen.*

Il est belge **et** il vit en Belgique.	**et**	*und*
Il s'appelle Yuio, **mais** son vrai nom c'est Etienne Simon.	**mais**	*aber*
Il a choisi ce pseudonyme **parce que** c'est un prénom japonais.	**parce que**	*weil*
Quand il était petit, il voulait déjà faire de la BD.	**quand**	*als*
Maintenant, il est connu en Belgique **car** il a illustré beaucoup de livres.	**car**	*denn*
Quand il travaille en tant que coloriste, il signe avec son vrai nom.	**quand / lorsque**	*wenn*
Comme il est auteur de bandes dessinées, il participe chaque année au festival d'Angoulême.	**comme**	*da*
Si tu veux voir comment il dessine, tu peux regarder le dossier 3.	**si**	*falls*
Un journaliste veut savoir **si** Yuio travaille seul.	**si**	*ob*

→

Yuio répond **que** parfois il travaille avec une auteure de littérature de jeunesse.	**que** _dass_
Il dessine ses personnages avec des grands yeux **pour qu**'ils soient plus comiques.	**pour que** + subjonctif _damit_

Nach **pour que** muss das Verb im **subjonctif** stehen.

Ein **einfacher Satz** kann durch einen anderen Satz **(Nebensatz) erweitert** werden. Dieser wird oft durch eine Konjunktion eingeleitet: **et, mais, quand, parce que** _..._

G30 Der Infinitivsatz

Pour participer au concours, il faut s'inscrire. _**Um** am Wettbewerb **teilzunehmen**, muss man sich anmelden._	**pour** _um ... zu ..._
On ne peut pas prendre le TGV **sans réserver** sa place à l'avance. _Man kann nicht mit dem TGV fahren, **ohne** im voraus einen Sitzplatz **zu reservieren**._	**sans** _ohne ... zu ..._

An die Präpositionen **pour** und **sans** kann man im Französischen ein **Verb** in seiner **Grundform (Infinitiv)** anhängen, um eine Handlung oder Tätigkeit auszudrücken.

G31 Der Relativsatz

1. qui – ce qui

qui	C'est une affiche `qui` me plaît. _Das ist ein Plakat, **das** mir gefällt._	`qui` bezieht sich auf **Personen** oder **Sachen** und ist `Subjekt` des Relativsatzes
ce qui	Raconte-moi `ce qui` te plaît. _Erzähl mir, **was** dir gefällt._ `Ce qui` me plaît dans cette histoire, c'est l'humour. _**Was** mir in dieser Geschichte gefällt, ist der Humor._	`ce qui` bezieht sich auf einen **Sachverhalt** und ist `Subjekt` des Relativsatzes

→

2. que / qu' – ce que / ce qu'

que / qu'	C'est un slogan que j'aime bien. *Das ist ein Slogan, **den** ich gut finde.* Que fait ta sœur des vêtements qu'elle ne porte plus? *Was macht deine Schwester mit Kleidung, **die** sie nicht mehr trägt?*	**que / qu'** bezieht sich auf **Personen** oder **Sachen** und ist **direktes Objekt** des Relativsatzes
ce que / ce qu'	Et toi, tu peux me dire ce que tu en penses? *Und du, kannst du mir sagen, **was** du darüber denkst?* Dis-moi ce que tu aimes. *Sag mir, **was** du magst.* Ce que j'aime dans cette histoire, c'est l'humour. ***Was** ich in dieser Geschichte mag, ist der Humor.*	**ce que / ce qu'** bezieht sich auf einen **Sachverhalt** und ist **direktes Objekt** des Relativsatzes

3. dont

Il faut éviter d'acheter des choses dont on n'a pas besoin. *Man sollte keine Dinge kaufen, **die** man nicht braucht.*	avoir besoin de
Demain, on va présenter la campagne dont je t'ai parlé. *Morgen werden wir die Kampagne präsentieren, **über die** ich mit dir gesprochen habe.*	parler de

4. où

Je ne me rappelle pas **où** j'ai vu l'affiche.
*Ich erinnere mich nicht, **wo** ich das Plakat gesehen habe.*

- Ein *Relativsatz* gibt **nähere Informationen** zu einer **Person**, **Sache** oder einem **Ort**.
- *Er wird durch die **Relativpronomen** qui, que, où oder dont eingeleitet.*
- **qui**, *ce qui beziehen sich auf Personen oder Sachen und sind immer **Subjekt** des Relativsatzes.*
  *Auf **qui** folgt direkt das Verb.*
- **que / qu'**, *ce que / ce qu' beziehen sich auf Personen oder Sachen und sind immer **Objekt** des Relativsatzes.*
- **dont** *bezieht sich auf Personen und Sachen und vertritt eine Ergänzung, die mit der Präposition **de** eingeleitet wird.*
- **où** *steht für eine Ortsangabe.*

→ *En plus 3/5*

*Hier kannst du den **Relativsatz** üben. Die Lösungen findest du auf S. 66.*

Alles klar? – Du bist dran!

12 Evitons le gaspillage → Du kannst diese Aufgabe nach Dossier 2 oder 3 bearbeiten.
Complète les phrases avec **le pronom relatif (qui, que / qu', où, dont)** qui convient. Ecris dans ton cahier.

Chaque année, les Français jettent beaucoup d'aliments ■ ils n'ont pas besoin. C'est un fait choquant parce dans le monde, qu'il y a beaucoup d'enfants ■ ont faim. Les slogans des campagnes ■ on lit sur les affiches ou dans les magazines devraient inciter à moins gaspiller. Heureusement, les supermarchés n'ont plus le droit de jeter les produits ■ ils ne peuvent plus vendre. Ces aliments ■ sont encore bons, sont donnés aux pauvres ou utilisés pour d'autres produits. C'est défini par une loi ■ existe depuis 2015 et ■ on a beaucoup parlé. Pourtant, il y a encore beaucoup de gaspillage ■ les consommateurs et les entreprises pourraient éviter.

G32 Indirekte Rede / Indirekte Frage

Indirekte Rede

Je suis à Merouana en face de ta maison.	On ne peut pas entrer dans la maison. Elle est fermée.	J'y suis allée avec Djaffar.

Olivia **dit qu'**elle est à Merouana.

Elle **raconte qu'**on ne peut pas entrer dans la maison parce qu'elle est fermée.

Elle **explique qu'**elle y est allée avec Djaffar.

- *Im Aussagesatz kann **die indirekte Rede** z.B. mit folgenden Verben eingeleitet werden:*
  dire que *(sagen dass),* **raconter que** *(erzählen, dass)* und **expliquer que** *(erklären, dass).*
- *Die indirekte Rede wird immer mit **que** eingeleitet. Im Französischem steht vor que **kein Komma.***
- *Vor Vokalen wird **que** zu **qu'** verkürzt.*

Indirekte Frage

Tu as visité la maison?	Tu es allée seule à Merouana?	Est-ce qu'il y a des habitants dans la maison?

La mère d'Olivia **veut savoir si** Olivia a visité la maison.

Elle **veut savoir si** Olivia est allée seule à Merouana.

Elle **demande s'**il y a des habitants dans la maison.

- *Die **indirekte Frage** kann z.B. mit **vouloir savoir si** (wissen wollen, ob) oder **demander si** (fragen, ob) eingeleitet werden.*
- *Vor **il / ils** wird **si** zu **s'** verkürzt. Jedoch **nicht** vor **elle / elles**.*
- ***Est-ce que** entfällt in der indirekten Frage.*

G33   Der Passivsatz

*Das **Passiv** wird mit **être** und dem **participe passé** gebildet und kann in verschiedenen Zeiten stehen.*

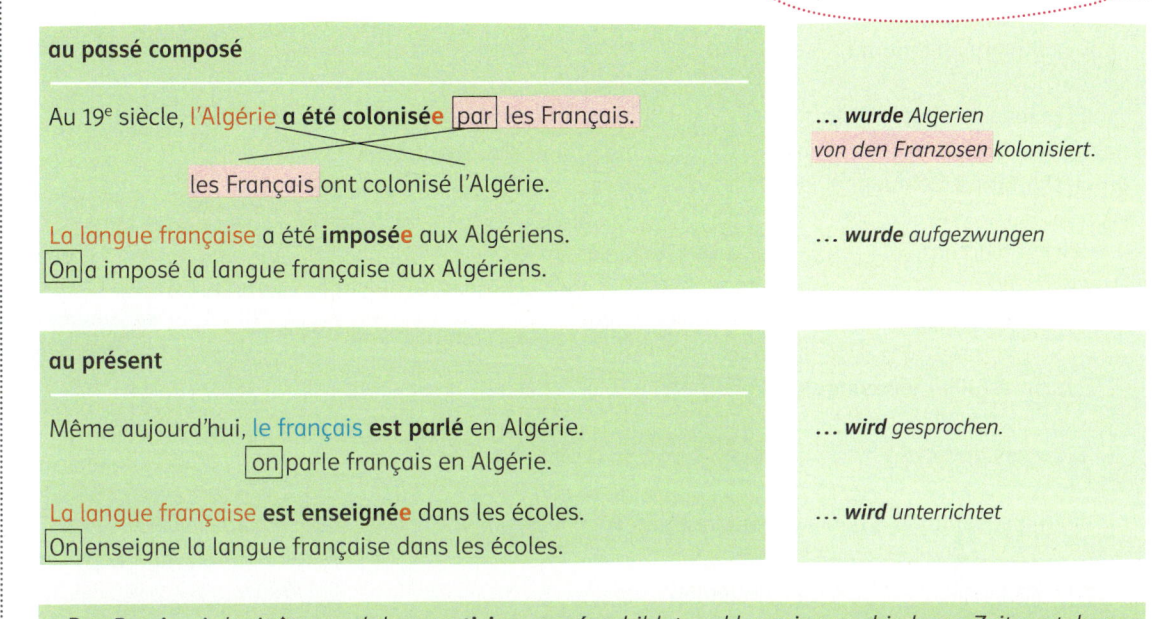

au passé composé

Au 19ᵉ siècle, l'Algérie **a été colonisée** par les Français.

les Français ont colonisé l'Algérie.

… **wurde** Algerien von den Franzosen kolonisiert.

La langue française a été **imposée** aux Algériens.
On a imposé la langue française aux Algériens.

… **wurde** aufgezwungen

au présent

Même aujourd'hui, le français **est parlé** en Algérie.
on parle français en Algérie.

… **wird** gesprochen.

La langue française **est enseignée** dans les écoles.
On enseigne la langue française dans les écoles.

… **wird** unterrichtet

- *Das **Passiv** wird mit **être** und dem **participe passé** gebildet und kann in verschiedenen Zeiten stehen.*
- *Die **Zeiten im Passiv** werden mit der entsprechenden **Zeitform** von **être** ausgedrückt.*
- *In allen Zeiten gelten für **die Veränderlichkeit des** participe passé die gleichen Regeln wie beim* **passé composé** *mit* **être**.

→ *En plus 2*

*Hier kannst du den **Passivsatz** üben.
Die Lösungen findest du auf S. 66.*

Alles klar? – Du bist dran!

13 Faisons le tri   → Du kannst diese Aufgabe nach Dossier 2 bearbeiten.
Mets les phrases à la **voix passive**. Ecris dans ton cahier.

1. Dans les centres de tri on transforme les emballages.
2. On recycle le verre.
3. Avec ce verre, on produit des nouvelles bouteilles.
4. On trie aussi les déchets.
5. Comme ça, on réduit la pollution de l'environnement.

G34 *si*-Sätze

1. Erfüllbare Bedingung

Si je loue un appartement à Paris,	**je devrai** payer très cher.	C'est possible.
Si Djaffar n'**accompagne** pas Olivia,	**elle partira** seule.	
S'il est d'accord,	**elle sera** contente.	
Si + présent	**futur simple**	

E
Vergleiche:
If I **rent** a flat in Paris, it **will be** very expensive.

→ Déjà vu 9

2. Nicht erfüllbare Bedingung

Si j'avais plus d'argent,	**je louerais** un grand appartement.
Si Olivia restait en Algérie,	**elle parlerait** l'arabe.
Si + imparfait	**conditionnel**

Ce n'est pas possible. Je n'ai pas assez d'argent.
Ce n'est pas le cas. Elle ne restera pas en Algérie.

E
Vergleiche:
If I **rented** a flat in Paris, it **would be** very expensive.

→ Déjà vu 10

*3. Nicht erfüllbare Bedingung in der Vergangenheit

Si j'avais eu plus d'argent,	**j'aurais acheté** une maison.
Si la mère d'Olivia **était restée** en Algérie,	**Olivia** y **aurait grandi**.
Si + plus-que-parfait	**conditionnel passé**

Je n'avais pas assez d'argent. Je n'ai pas pu l'acheter.

Mais la mère d'Olivia n'y est pas restée.

E
Vergleiche:
If I **had rented** a flat in Paris, it **would have been** very expensive.

Beachte:

si + il = s'il	si + elle = si elle
si + ils = s'ils	si + elles = si elles

- *Mit einem **si-Satz** kannst du eine Bedingung ausdrücken, die erfüllbar oder nicht erfüllbar ist.*
- *Bei der erfüllbaren Bedingung steht der **si-Satz** im **Präsens**, im Hauptsatz steht das **futur simple**.*
- *Bei der nicht erfüllbaren Bedingung steht der **si-Satz** im **imparfait**, im Hauptsatz steht das **conditionnel**.*
- *Bei der nicht erfüllbaren Bedingung in der Vergangenheit steht der **si-Satz** im **Plus-que-parfait**, im Hauptsatz steht das **conditionnel passé**.*
- *Vor **il / ils** wird **si** zu **s'** (nicht aber vor **elle / elles**): **s'il** gagne … / **si elle** gagne …*

*rezeptive Grammatik

*Hier kannst du die **si-Sätze** üben.*
Die Lösungen findest du auf S. 66 / 67.

Alles klar? – Du bist dran!

14 Voyage en Algérie → Du kannst diese Aufgabe nach Dossier 5 bearbeiten.
Complète les phrases. Ecris dans ton cahier.

a Avant le voyage
1. Si Manon part pour l'Algérie, elle ■ *(visiter)* la capitale, mais aussi le village de ses grands-parents.
2. Si elle trouve la maison de ses grands-parents, Manon ■ *(être)* contente et elle ■ *(faire)* des photos.
3. Manon va partir avec son copain. Si elle y ■ *(aller)* toute seule, sa mère ne serait pas d'accord.
4. Si Manon ■ *(faire)* un voyage organisé, elle ne pourrait pas retrouver les traces de sa famille.

b Après le voyage
1. Si Manon ■ *(ne pas rencontrer)* Ahmed, elle n'aurait pas trouvé la maison.
2. Si elle n'avait pas eu de contact sur place, les recherches ■ *(être)* difficiles.
3. Si Manon ■ *(ne pas avoir)* ses papiers, la police l'aurait arrêtée.
4. Si Manon n'était pas allée en Algérie, elle ■ *(ne jamais connaître)* l'histoire de sa famille.

G35   Der Fragesatz

1. Frageformen

– **Pourquoi est-ce qu'**Olivia est partie en Algérie?
Warum ist Olivia nach Algerien gefahren?
— Parce que sa famille a vécu en Algérie.

– **Quand est-ce que** ses parents ont quitté l'Algérie?
Wann haben ihre Eltern Algerien verlassen?
— En 1962.

– **Quelle** est leur nationalité? / Ils ont **quelle** nationalité?
Welche Staatsangehörigkeit haben sie?
— Ils sont français.

– **Que** fait Olivia en arrivant à Alger?
Was macht Olivia, als sie in Alger ankommt?
— Elle visite la ville.

– **Est-ce qu'**elle a des amis là-bas?
Hat sie Freunde dort?
— Non, elle n'en a pas.

– **Avec qui** a-t-elle rendez-vous le soir?
Mit wem trifft sie sich am Abend?
— Avec Djaffar.

– **Qui** est Djaffar?
Wer ist Djaffar?
– **Qui** est-ce?
Wer ist das?
— C'est un architecte parisien qui passe un mois à Alger.

– **Comment est-qu'**elle a fait sa connaissance?
Wie hat sie ihn kennengelernt?
— Elle ne le connaît pas, elle a seulement son numéro de téléphone.

– **Où est-ce qu'**ils vont ensemble?
Wohin fahren sie zusammen?
— Ils vont à Merouana, un petit village dans les Aurès.

– **Qu'est-ce qui** se passe en route?
Was passiert unterwegs?
— Ils sont contrôlés par la police.

→

Verschiedene Formen, eine Frage zu stellen:

- **Est-ce que vous avez** un plan de la ville?
- **Vous avez** un plan de la ville?

- **Avez-vous** un plan de la ville?

- **Est-ce qu'il y a** un parc près d'ici?
- **Il y a** un parc près d'ici?

- **Y a-t-il** un parc près d'ici?

Est-ce qu'il habite à Paris?
Il habite à Paris?

Habite-t-il à Paris?

- *Frage mit* **est-ce que**
- **Intonationsfrage**

- **Inversionsfrage**
  Bei der **Inversionsfrage** *steht ein* **Bindestrich** *zwischen Verb und Personalpronomen. Folgen* **zwei Vokale** *aufeinander, muss ein* **-t-** *eingeschoben werden.*

Vergleiche:

Standardsprache:	**Où est-ce que** tu habites?
Umgangssprache:	Tu habites **où**?
Gehobene Sprache:	**Où** habites-tu?

- *In der* **gesprochenen und der geschriebenen Sprache** *kann man eine* **Frage** *mit der Formel* **est-ce que** *bilden.*
- *Die* **Wortfolge** *bleibt wie im Aussagesatz:* **Est-ce que + Subjekt + Verb + Objekt**
- *Der Frageformel* **est-ce que** *kann auch ein* **Fragewort** *(Pourquoi ..., A quelle heure ...) vorangestellt werden.*
- *Die Inversionsfrage wird eher in der geschriebenen Sprache verwendet. Das Verb steht vor dem Personalpronomen.*

2. Fragen nach Personen und Sachen

Qui est-ce qui ...? / Qui est-ce que ...?

So fragst du nach **Personen.**

- **Qui est-ce qui**[1] accompagne Olivia dans les Aurès? — **Subjekt**
- C'est Djaffar.
- **Qui est-ce que** la jeune femme appelle en arrivant à Merouana? — **Objekt**
- Elle appelle sa mère.

Qu'est-ce qui ...? / Qu'est-ce que ...?

So fragst du nach **Sachen** *oder* **Sachverhalten.**

- **Qu'est ce qui** se passe en route? — Il y a un contrôle de police. — **Subjekt**
- **Qu'est-ce que** Djaffar met dans le coffre de sa voiture? — **Objekt**
- Il y met des provisions.

---

[1] Die kurze Form mit **qui** (statt **qui est-ce qui**) ist gebräuchlicher.

→

Mit **qui est-ce qui** *und* **qui est-ce que** *fragt man nach Personen.*
- *Nach Personen, die* **Subjekt** *im Aussagesatz sind, fragt man mit* **qui est-ce qui***. Auf* **qui est-ce qui** *folgt das* **Verb + Objekt***.*
- *Nach Personen, die* **Objekt** *im Aussagesatz sind, fragt man mit* **qui est-ce que***. Auf* **qui est-ce que** *folgt das* **Subjekt + Verb + Objekt***.*

Mit **qu'est-ce qui** *und* **qu'est-ce que** *fragt man nach Sachen.*
- *Nach Sachen, die* **Subjekt** *im Aussagesatz sind, fragt man mit* **qu'est-ce qui***. Auf* **qu'est-ce qui** *folgt das* **Verb + Objekt***.*
- *Nach Sachen, die* **Objekt** *im Aussagesatz sind, fragt man mit* **qu'est-ce que***. Auf* **qu'est-ce que** *folgt das* **Subjekt + Verb + Objekt***.*

→ *En plus 11*

3. Fragen mit einer Präposition

– **A partir de quand est-ce que** tu participes au chantier?	– **A partir du** premier juillet.	– **A qui** voulez-vous parler?	– **A** l'animateur.
– **Depuis quand est-ce que** tu t'es inscrit?	– **Depuis** deux semaines.	– **Pour qui** est cette lettre?	– **Pour** l'organisation.
– **D'où est-ce que** tu viens?	– **De** Göttingen.	– **Avec quel train est-ce que** vous arrivez?	– **Avec** le TGV de 16h30.
– **De quoi est-ce que** vous parlez?	– **Du** chantier.	– **Dans quelle ville est-ce que** le chantier a lieu?	– A Lièges.

- *Vor der Frageformel* **est-ce que** *können auch* **Präpositionen** *stehen.*
- *Die* **Wortfolge** *bleibt wie im Aussagesatz:* **Präposition + est-ce que + Subjekt + Verb + Objekt**

4. quel / quelle

m.		**f.**	
quel	**Quel** film est-ce que tu as vu hier?	**quelle**	**Quelle** actrice a joué le rôle principal?
quels	**Quels** festivals de BD y a-t-il en France?	**quelles**	**Quelles** bandes dessinées connais-tu?

Vergleiche:

Umgangssprache:	Tu as vu **quel film**?
Standardsprache:	**Quel film est-ce que** tu as vu?
Gehobene Sprache:	**Quel film** as-tu vu?

- *Der* **Fragebegleiter** **quel** *steht vor Nomen und bedeutet „welcher, welche, welches".*
- *Er richtet sich in Geschlecht (männlich, weiblich) und Zahl (Singular, Plural) nach dem Nomen, auf das er sich bezieht.*
- *Vor Konsonant werden alle vier Formen gleich ausgesprochen.*
- *Vor Vokal und stummem h wird das -s von* quel**s** *und* quelle**s** *beim Aussprechen als [z] gebunden:* quelle**s**‿entreprises? [kɛlzɑ̃tʀəpʀiz]

Hier kannst du die **Fragesätze** üben. Die Lösungen findest du auf S. 67.

Alles klar? – Du bist dran!

15 Interview avec Olivia → Du kannst diese Aufgabe nach Dossier 4 oder 5 bearbeiten.

Complète les phrases. Ecris dans ton cahier.

1. ■ pays est-ce que tu as visité?
   – L'Algérie. C'est un pays magnifique.
2. ■ tu avais des amis là-bas?
   – Non. Je ne connaissais personne.
3. ■ tu as fait en Algérie?
   – J'ai cherché la maison de ma mère.
4. ■ t'a aidé à la trouver?
   – C'est Djaffar. Il est venu avec moi dans les Aurès.
5. ■ tu as rencontré Djaffar?
   – Dans un café à Alger.
6. ■ se trouve la maison?
   – Elle est à Merouana.
7. ■ tes parents ont quitté l'Algérie?
   – Ils sont partis en 1962.

Zahlen und Mengen

G36 Mengenangaben

1. Unbestimmte Mengen

Au petit-déjeuner, je bois **du** café et je mange un croissant avec **de la** confiture.
Pendant les repas, je bois **de l'**eau.

aber:

J'ai mis	**trop de** sucre	sur la crêpe.
	beaucoup de lait	dans le café.
Il **n'**y a	**pas de** beurre	dans le frigo.
	plus de lait.	

- *Gibt man eine **unbestimmte Menge** von etwas **nicht Zählbarem** an, steht* **du**, **de la**, **de l'** *+ Nomen.*
- *Bei einer **unbestimmten Menge** von etwas **Zählbarem** steht **des** + Nomen.*
- *Nach **unbestimmten Mengenangaben** (trop de, beaucoup de …) steht nur **de** + Nomen.*
- *Das gilt auch für Verneinungen (**ne...pas, ne...plus**): Il **n'**y a **pas de** lait.*

→

Bestimmte Mengen

Dans le frigo, il y a	une bouteille **d'**eau,	1 litre **d'**eau,
	un paquet **de** beurre,	250 grammes **de** beurre,
		100 grammes **de** foie gras,
Sur la table, il y a	une boîte **de** foie gras,	1 kilo **de** pommes.
	un verre **de** vin,	
	un plateau **de** fromage.	

*Gibt man eine **bestimmte Menge** an (**une bouteille, un paquet …**) steht immer **de / d' + Nomen**.*

2. Die Bruchzahlen

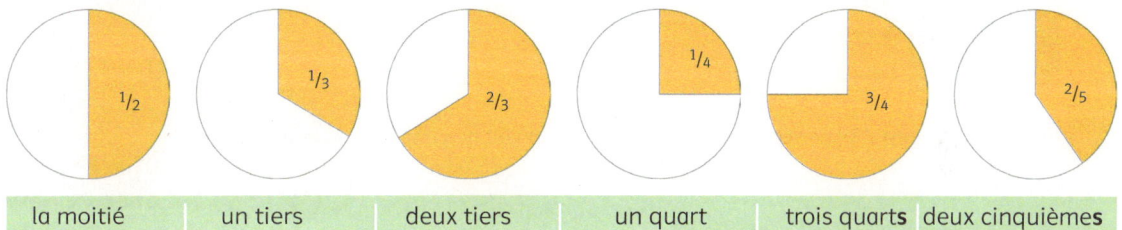

la moitié	un tiers	deux tiers	un quart	trois quart**s**	deux cinquième**s**

la moitié **de la** population
trois quarts **des** habitants

Beachte:
un demi-litre   *ein halber Liter*
une demi-heure   *eine halbe Stunde*

aber:
une heure et demi**e**   *anderthalb Stunden*
deux ans et demi   *zweieinhalb Jahre*

3. Die Prozentzahlen

10 % dix pour cent	12,5 % douze virgule cinq pour cent
25 % vingt-cinq pour cent	41,8 % quarante-et-un virgule huit pour cent

80 % **des** Français

→ Déjà vu 4

G37 Konjugations-Tabelle

1. Verben auf -er

infinitif ... passé comp.	présent ... imparfait°	futur simple	conditionnel	subjonctif ... impératif
chercher *suchen* .... j'**ai** cherch**é**	je cherch**e** tu cherch**es** il / elle / on cherch**e** nous cherch**ons** vous cherch**ez** ils / elles cherch**ent** .... je cherch**ais** nous cherch**ions**	je chercher**ai** tu chercher**as** il / elle / on chercher**a** nous chercher**ons** vous chercher**ez** ils / elles chercher**ont**	je chercher**ais** tu chercher**ais** il / elle / on chercher**ait** nous chercher**ions** vous chercher**iez** ils / elles chercher**aient**	que je cherch**e** que tu cherch**es** qu'il / elle / on cherch**e** que nous cherch**ions** que vous cherch**iez** qu'ils / elles cherch**ent** .... Cherche ... Cherchez

ebenso: alle regelmäßigen Verben auf **-er**, die mit Konsonant beginnen, z. B. **regarder, parler** ...

écouter *hören,* *zuhören* .... j'**ai** écout**é**	j'écout**e** tu écout**es** il / elle / on écout**e** nous écout**ons** vous écout**ez** ils / elles écout**ent** .... j'écout**ais** nous écout**ions**	j'écouter**ai** tu écouter**as** il / elle / on écouter**a** nous écouter**ons** vous écouter**ez** ils / elles écouter**ont**	j'écouter**ais** tu écouter**ais** il / elle / on écouter**ait** nous écouter**ions** vous écouter**iez** ils / elles écouter**aient**	que j'écout**e** que tu écout**es** qu'il / elle / on écout**e** que nous écout**ions** que vous écout**iez** qu'ils / elles écout**ent** .... Ecoute. Ecoutez.

ebenso: alle regelmäßigen Verben auf **-er**, die **mit Vokal** oder **stummem h** beginnen, z. B. **adorer, aimer** ...

Verben auf -er mit Besonderheiten

acheter *kaufen* .... j'**ai** achet**é**	j'ach**è**t**e** tu ach**è**t**es** il / elle / on ach**è**t**e** nous achet**ons** vous achet**ez** ils / elles ach**è**t**ent** .... j'achet**ais** nous achet**ions**	j'ach**è**ter**ai** tu ach**è**ter**as** il / elle / on ach**è**ter**a** nous ach**è**ter**ons** vous ach**è**ter**ez** ils / elles ach**è**ter**ont**	j'ach**è**ter**ais** tu ach**è**ter**ais** il / elle / on ach**è**ter**ait** nous ach**è**ter**ions** vous ach**è**ter**iez** ils / elles ach**è**ter**aient**	que j'ach**è**t**e** que tu ach**è**t**es** qu'il / elle / on ach**è**t**e** que nous achet**ions** que vous achet**iez** qu'ils / elles ach**è**t**ent** .... Ach**è**te ... Achetez ...

° Die Verben im **imparfait** haben **dieselben Endungen** wie im **conditionnel**.
  Der Stamm wird von der 1. Person Plural Präsens abgeleitet.

infinitif ... passé comp.	présent ... imparfait°	futur simple	conditionnel	subjonctif ... impératif
préférer *vorziehen, lieber mögen*	je préfère tu préfères il / elle / on préfère nous préférons vous préférez ils / elles préfèrent	je préférerai tu préféreras il / elle / on préférera nous préférerons vous préférerez ils / elles préféreront	je préférerais tu préférerais il préférerait nous préférerions vous préféreriez elles préféreraient	que je préfère que tu préfères qu'il / elle / on préfère que nous préférions que vous préfériez qu'ils / elles préfèrent
.... j'**ai** préféré	.... je préférais nous préférions			....

ebenso: **compléter** (vervollständigen), **protéger** (schützen), **répéter** (wiederholen)

manger *essen*	je mange tu manges il / elle / on mange nous mangeons vous mangez ils / elles mangent	je mangerai tu mangeras il / elle / on mangera nous mangerons vous mangerez ils / elles mangeront	je mangerais tu mangerais il / elle / on mangerait nous mangerions vous mangeriez elles mangeraient	que je mange que tu manges qu'il / elle / on mange que nous mangions que vous mangiez qu'ils / elles mangent
.... j'**ai** mangé	.... je mangeais nous mangions			.... Mange. Mangeons. Mangez.

ebenso: **bouger** (sich bewegen): je bouge, nous bougeons (présent); je bougeais, nous bougions (imparfait)
changer (wechseln, ändern): je change, nous changeons (présent); je changeais, nous changions (imparfait)
corriger (korrigieren): je corrige, nous corrigeons (présent); je corrigeais, nous corrigions (imparfait)
déménager (umziehen): je déménage, nous déménageons (présent); je déménageais, nous déménagions (imparfait)
nager (schwimmen): je nage, nous nageons (présent); je nageais, nous nagions (imparfait)
ranger (aufräumen): je range, nous rangeons (présent); je rangeais, nous rangions (imparfait)

beachte auch: **commencer** (anfangen, beginnen): je commence, nous commençons (présent);
je commençais, nous commencions (imparfait)

appeler *anrufen, rufen*	j'appelle tu appelles il / elle / on appelle nous appelons vous appelez ils / elles appellent	j'appellerai tu appelleras il / elle / on appellera nous appellerons vous appellerez ils / elles appelleront	j'appellerais tu appellerais on appellerait nous appellerions vous appelleriez elles appelleraient	que j'appelle que tu appelles qu'il / elle / on appelle que nous appelions que vous appeliez qu'ils / elles appellent
.... j'**ai** appelé	.... j'appelais nous appelions			.... Appelle … Appelez

ebenso: **s'appeler** (heißen): je m'appelle

° Die Verben im **imparfait** haben **dieselben Endungen** wie im **conditionnel**.
   Der Stamm wird von der 1. Person Plural Präsens abgeleitet.

infinitif ... passé comp.	présent ... imparfait°	futur simple	conditionnel	subjonctif ... impératif
payer *zahlen, bezahlen*	je pai**e** tu pai**es** il / elle / on pai**e** nous pay**ons** vous pay**ez** ils / elles pai**ent**	je paie**rai** tu paie**ras** il / elle / on paie**ra** nous paie**rons** vous paie**rez** ils / elles paie**ront**	je paie**rais** tu paie**rais** il / elle / on paie**rait** nous paie**rions** vous paie**riez** ils / elles paie**raient**	que je pai**e** que tu pai**es** qu'il / elle / on pai**e** que nous pay**ions** que vous pay**iez** qu'ils / elles pai**ent**
.... j'**ai** pay**é**	.... je pay**ais** nous pay**ions**			.... Paie. Payez.

ebenso: **essayer** (versuchen): j'essaie, nous essayons

2. Verben auf *-dre*

répondre *antworten*	je répond**s** tu répond**s** il / elle / on répond nous répond**ons** vous répond**ez** ils / elles répond**ent**	je répond**rai** tu répond**ras** il / elle / on répond**ra** nous répond**rons** vous répond**rez** ils / elles répond**ront**	je répond**rais** tu répond**rais** il répond**rait** nous répond**rions** vous répond**riez** elles répond**raient**	que je répond**e** que tu répond**es** qu'il / elle / on répond**e** que nous répond**ions** que vous répond**iez** qu'ils / elles répond**ent**
.... j'**ai** répond**u**	.... je répond**ais** nous répond**ions**			.... Réponds. Répondez.

ebenso: **attendre** (warten), **entendre** (hören), **perdre** (verlieren), **rendre** (zurückgeben), **vendre** (verkaufen)

3. Verben auf *-ir*

partir *abfahren, wegfahren, weggehen*	je par**s** tu par**s** il / elle / on part nous part**ons** vous part**ez** ils / elles part**ent**	je parti**rai** tu parti**ras** il / elle / on parti**ra** nous parti**rons** vous parti**rez** ils / elles parti**ront**	je parti**rais** tu parti**rais** il / elle / on parti**rait** nous parti**rions** vous parti**riez** ils / elles parti**raient**	que je part**e** que tu part**es** qu'il / elle / on part**e** que nous part**ions** que vous part**iez** qu'ils / elles part**ent**
.... je **suis** parti je **suis** partie	.... je part**ais** nous part**ions**			.... Pars. Partons. Partez.

ebenso: **dormir** (schlafen): je dors, nous dormons – **servir** (servieren): je sers, nous servons – **sortir** (ausgehen, mit jdm. gehen): je sors, nous sortons

° Die Verben im **imparfait** haben **dieselben Endungen** wie im **conditionnel**.
Der Stamm wird von der 1. Person Plural Präsens abgeleitet.

Verben auf *-ir* mit Stamm-Erweiterung

infinitif ... passé comp.	présent ... imparfait°	futur simple	conditionnel	subjonctif ... impératif
choisir *(aus)wählen* .... **j'ai choisi**	je choisis tu choisis il / elle / on choisit nous choisissons vous choisissez ils / elles choisissent .... je choisissais nous choisissions	je choisirai tu choisiras il / elle / on choisira nous choisirons vous choisirez ils / elles choisiront	je choisirais tu choisirais il / elle / on choisirait nous choisirions vous choisiriez ils / elles choisiraient	que je choisisse que tu choisisses qu'il / elle / on choisisse que nous choisissions que vous choisissiez qu'ils / elles choisissent .... Choisis. Choisissez.

ebenso: **finir** (beenden): je finis, nous finissons; **réagir** (reagieren): je réagis, nous réagissons

4. Reflexive Verben

infinitif	présent	futur simple	conditionnel	subjonctif

se préparer
sich
vorbereiten
 	
....
je me **suis**
préparé
je me **suis**
préparée
	je me prépare
	tu te prépares
	il / elle / on se prépare
	nous nous préparons
	vous vous préparez
	ils / elles se préparent
	
	....
	je me préparais
	
	nous nous
	     préparions
		je me préparerai
		tu te prépareras
		il se préparera
		nous nous
		    préparerons
		vous vous
		    préparerez
		elles se prépareront
			je me préparerais
			tu te préparerais
			il se préparerait
			nous nous
			    préparerions
			vous vous
			    prépareriez
			elles se
			    prépareraient
				que je me prépare
				que tu te prépares
				qu'il se prépare
				que nous nous
				    préparions
				que vous vous
				    prépariez
				qu'elles se préparent
				
				....
				Prépare-toi.
				Préparez-vous.

ebenso: **se débrouiller** (zurechtkommen), **se dépêcher** (sich beeilen), **se réveiller** (aufwachen), ...

infinitif	présent	futur simple	conditionnel	subjonctif
se lever *aufstehen* .... **je** me **suis** levé **je** me **suis** lévée	je me lève tu te lèves il / elle / on se lève nous nous levons vous vous levez ils / elles se lèvent .... je me levais nous nous levions	je me lèverai tu te lèveras il / elle / on se lèvera nous nous lèverons vous vous lèverez ils / elles se lèveront	je me lèverais tu te lèverais il / elle / on se lèverait nous nous lèverions vous vous lèveriez ils / elles se lèveraient	que je me lève que tu te lèves qu'il / elle / on se lève que nous nous levions que vous vous leviez qu'ils / elles se lèvent .... Lève-toi. Levez-vous.

° Die Verben im **imparfait** haben **dieselben Endungen** wie im **conditionnel**.
Der Stamm wird von der 1. Person Plural Präsens abgeleitet.

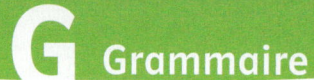

5. Unregelmäßige Verben

infinitif … passé comp.	présent … imparfait°	futur simple	conditionnel	subjonctif … impératif
avoir *haben* …… j'ai **eu**	j'**ai** tu **as** il / elle / on **a** nous **avons** vous **avez** ils / elles **ont** …… j'av**ais** nous av**ions**	j'**aurai** tu **auras** il / elle / on **aura** nous **aurons** vous **aurez** ils / elles **auront**	j'**aurais** tu **aurais** il / elle / on **aurait** nous **aurions** vous **auriez** ils / elles **auraient**	que j'**aie** que tu **aies** qu'il / elle / on **ait** que nous **ayons** que vous **ayez** qu'ils / elles **aient** …… **Aie … Ayez …**
être *sein* …… j'ai **été**	je **suis** tu **es** il / elle / on **est** nous **sommes** vous **êtes** ils / elles **sont** …… j'**étais** nous **étions**	je **serai** tu **seras** il / elle / on **sera** nous **serons** vous **serez** ils / elles **seront**	je **serais** tu **serais** il / elle / on **serait** nous **serions** vous **seriez** ils / elles **seraient**	que je **sois** que tu **sois** qu'il / elle / on **soit** que nous **soyons** que vous **soyez** qu'ils / elles **soient** …… **Sois … Soyez …**
aller *gehen, fahren* …… je **suis** all**é** je **suis** all**ée**	je **vais** tu **vas** il / elle / on **va** nous **allons** vous **allez** ils / elles **vont** …… j'all**ais** nous all**ions**	j'**irai** tu **iras** il / elle / on **ira** nous **irons** vous **irez** ils / elles **iront**	j'**irais** tu **irais** il / elle / on **irait** nous **irions** vous **iriez** ils / elles **iraient**	que j'**aille** que tu **ailles** qu'il / elle / on **aille** que nous **allions** que vous **alliez** qu'ils / elles **aillent** …… **Va … Allez …**
boire *trinken* …… j'ai **bu**	je **bois** nous **buvons** ils / elles **boivent** …… je buv**ais** nous buv**ions**	je boir**ai** nous boir**ons** ils / elles boir**ont**	je boir**ais** nous boir**ions** ils / elles boir**aient**	que je **boive** que nous **buvions** qu'ils / elles **boivent** …… **Bois. Buvez.**
conduire *fahren* …… j'ai **conduit**	je condui**s** nous conduis**ons** ils / elles conduis**ent** …… je conduis**ais** nous conduis**ions**	je conduir**ai** nous conduir**ons** ils / elles conduir**ont**	je conduir**ais** nous conduir**ions** ils / elles conduir**aient**	que je conduis**e** que nous **conduisions** qu'ils / elles conduis**ent** …… **Conduis. Conduisez.**

° Die Verben im **imparfait** haben **dieselben Endungen** wie im **conditionnel**.
Der Stamm wird von der 1. Person Plural Präsens abgeleitet.

infinitif ... passé comp.	présent ... imparfait°	futur simple	conditionnel	subjonctif ... impératif
connaître *kennen* .... j'ai **connu**	je **connais** nous connaiss**ons** ils / elles **connaissent** .... je connaiss**ais** nous connaiss**ions**	je connaîtr**ai** nous connaîtr**ons** ils / elles connaîtr**ont**	je connaîtr**ais** nous connaîtr**ions** ils / elles connaîtr**aient**	que je connaiss**e** que nous connaiss**ions** qu'ils / elles connaiss**ent** ....
construire *bauen* .... j'ai **construit**	je construi**s** nous construis**ons** ils / elles construis**ent** .... je construis**ais** nous construis**ions**	je construir**ai** nous construir**ons** ils / elles construir**ont**	je construir**ais** nous construir**ions** ils / elles construir**aient**	que je construis**e** que nous construis**ions** qu'ils / elles construis**ent** .... Construis ... Construisez ...
courir *laufen* .... j'ai **couru**	je cours nous cour**ons** ils / elles cour**ent** .... je cour**ais** nous cour**ions**	je **courr**ai nous **courr**ons ils / elles **courr**ont	je **courr**ais nous **courr**ions ils / elles **courr**aient	que je coure que nous cour**ions** qu'ils / elles cour**ent** .... Cours. Courez.
croire *glauben* .... j'ai **cru**	je **crois** nous croy**ons** ils/elles **croient** .... je croy**ais** nous croy**ions**	je croir**ai** nous croir**ons** ils/elles croir**ont**	je croir**ais** nous croir**ions** ils/elles croir**aient**	que je **croie** que nous croy**ions** qu'ils/elles croi**ent** .... Crois ... Croyez ...
devoir *müssen, sollen* .... j'ai **dû**	je **dois** nous dev**ons** ils / elles **doivent** .... je dev**ais** nous dev**ions**	je devr**ai** nous devr**ons** ils / elles devr**ont**	je devr**ais** nous devr**ions** ils / elles devr**aient**	que je **doive** que nous dev**ions** qu'ils / elles **doivent** ....
dire *sagen* .... j'ai **dit**	je **dis** tu **dis** il / elle / on **dit** nous **disons** vous **dites** ils / elles **disent** .... je dis**ais** nous dis**ions**	je dir**ai** tu dir**as** il / elle / on dir**a** nous dir**ons** vous dir**ez** ils / elles dir**ont**	je dir**ais** tu dir**ais** il / elle / on dir**ait** nous dir**ions** vous dir**iez** ils / elles dir**aient**	que je dis**e** que tu dis**es** qu'il / elle / on dis**e** que nous dis**ions** que vous dis**iez** qu'ils / elles dis**ent** .... Dis. Dites.

° Die Verben im **imparfait** haben **dieselben** Endungen wie im **conditionnel**.
Der Stamm wird von der 1. Person Plural Präsens abgeleitet.

infinitif … passé comp.	présent … imparfait°	futur simple	conditionnel	subjonctif … impératif
écrire *schreiben* ……… j'ai **écrit**	j'écri**s** nous écriv**ons** ils / elles écriv**ent** ……… j'écriv**ais** nous écriv**ions**	j'écrir**ai** nous écrir**ons** ils / elles écrir**ont**	j'écrir**ais** nous écrir**ions** ils / elles écrir**aient**	que j'écriv**e** que nous écriv**ions** qu'ils / elles écriv**ent** ……… Ecris … Ecrivez…
envoyer *schicken* ……… j'ai envoy**é**	j'envoi**e** nous envoy**ons** ils envoi**ent** ……… j'envoy**ais** nous envoy**ions**	j'enverr**ai** nous **enverrons** ils / elles **enverront**	j'enverr**ais** nous **enverrions** ils / elles **enverraient**	que j'envoi**e** que nous envoy**ions** qu'ils / elles envoi**ent** ……… Envoie… Envoyez…
faire *machen* ……… j'ai **fait**	je **fais** tu **fais** il / elle / on **fait** nous **faisons** vous **faites** ils / elles **font** ……… je **faisais** nous **faisions**	je **ferai** tu **feras** il / elle / on **fera** nous **ferons** vous **ferez** ils / elles **feront**	je **ferais** tu **ferais** il / elle / on **ferait** nous **ferions** vous **feriez** ils / elles **feraient**	que je **fasse** que tu **fasses** qu'il / elle / on **fasse** que nous **fassions** que vous **fassiez** qu'ils / elles **fassent** ……… Fais . Faites …
falloir *müssen* ……… il a **fallu**	il **faut** ……… il fall**ait**	il fau**dra**	il fau**drait**	qu'il **faille**
lire *lesen* ……… j'ai **lu**	je li**s** nous lis**ons** ils / elles lis**ent** ……… je lis**ais** nous lis**ions**	je lir**ai** nous lir**ons** ils / elles lir**ont**	je lir**ais** nous lir**ions** ils / elles lir**aient**	que je lis**e** que nous lis**ions** qu'ils / elles lis**ent** ……… Lis … Lisez …
mettre *setzen,* *stellen, legen* ……… j'ai **mis**	je met**s** nous mett**ons** ils / elles mett**ent** ……… je mett**ais** nous mett**ions**	je mettr**ai** nous mettr**ons** ils / elles mettr**ont**	je mettr**ais** nous mettr**ions** ils / elles mettr**aient**	que je mett**e** que nous mett**ions** qu'ils / elles mett**ent** ……… Mets … Mettez …

° Die Verben im **imparfait** haben **dieselben Endungen** wie im **conditionnel**.
Der Stamm wird von der 1. Person Plural Präsens abgeleitet.

infinitif ... passé comp.	présent ... imparfait°	futur simple	conditionnel	subjonctif ... impératif
offrir *anbieten, schenken* .... j'ai **offert**	j'offr**e** nous offr**ons** ils / elles offr**ent** .... j'offr**ais** nous offr**ions**	j'offrir**ai** nous offrir**ons** ils / elles offrir**ont**	j'offrir**ais** nous offrir**ions** ils / elles offrir**aient**	que j'offr**e** que nous offr**ions** qu'ils / elles offr**ent** .... Offre ... Offrez ...
ouvrir *öffnen, eröffnen* .... j'ai **ouvert**	j'ouvr**e** nous ouvr**ons** ils / elles ouvr**ent** .... j'ouvr**ais** nous ouvr**ions**	j'ouvrir**ai** nous ouvrir**ons** ils / elles ouvrir**ont**	j'ouvrir**ais** nous ouvrir**ions** ils / elles ouvrir**aient**	que j'ouvr**e** que nous ouvr**ions** qu'ils / elles ouvr**ent** .... Ouvre ... Ouvrez ...
pleuvoir *regnen* .... il a **plu**	il **pleut** .... il pleuv**ait**	il **pleuvra**	il **pleuvrait**	qu'il **pleuve** ....
pouvoir *können* .... j'ai **pu**	je **peux** nous **pouvons** ils / elles **peuvent** .... je pouv**ais** nous pouv**ions**	je **pourrai** nous **pourrons** ils / elles **pourront**	je **pourrais** nous **pourrions** ils / elles **pourraient**	que je **puisse** que nous **puissions** qu'ils / elles **puissent** ....
prendre *nehmen* .... j'ai **pris**	je prend**s** nous pren**ons** ils / elles **prennent** .... je pren**ais** nous pren**ions**	je prendr**ai** nous prendr**ons** ils / elles prendr**ont**	je prendr**ais** nous prendr**ions** ils / elles prendr**aient**	que je **prenne** que nous pren**ions** qu'ils / elles **prennent** .... Prends ... Prenez ...

ebenso: **apprendre** (lernen), **comprendre** (verstehen)

° Die Verben im **imparfait** haben **dieselben** Endungen wie im **conditionnel**.
  Der Stamm wird von der 1. Person Plural Präsens abgeleitet.

infinitif ... passé comp.	présent ... imparfait°	futur simple	conditionnel	subjonctif ... impératif
recevoir *erhalten, empfangen* .... j'ai **reçu**	je **reçois** nous **recevons** ils / elles **reçoivent** .... je **recevais** nous **recevions**	je recev**rai** nous recevr**ons** ils / elles recevr**ont**	je recevr**ais** nous recevr**ions** ils / elles recevr**aient**	que je **reçoive** que nous **recevions** qu'ils / elles **reçoivent** .... **Reçois**... Recevez...
rire *lachen* .... j'ai **ri**	je **ris** nous **rions** ils / elles rient .... je r**iais** nous ri**ions**	je rir**ai** nous rir**ons** ils / elles rir**ont**	je rir**ais** nous rir**ions** ils / elles rir**aient**	que je rie que nous ri**ions** qu'ils / elles ri**ent** .... Ris ... Riez ...

ebenso: **sourire** (lächeln)

infinitif ... passé comp.	présent ... imparfait°	futur simple	conditionnel	subjonctif ... impératif
savoir *wissen, können*	je **sais** nous **savons** ils / elles sav**ent** .... je **sav**ais nous **sav**ions	je **saurai** nous **saurons** ils / elles **sauront**	je **saurais** nous **saurions** ils / elles **sauraient**	que je **sache** que nous **sachions** qu'ils / elles **sachent** .... **Sache** ... / **Sachez** ...
suivre *folgen* .... j'ai **suivi**	je **suis** nous **suivons** ils / elles sui**vent** .... je suiv**ais** nous suiv**ions**	je suiv**rai** nous suivr**ons** ils / elles suivr**ont**	je suivr**ais** nous suiv**rions** ils / elles suivr**aient**	que je **suive** que nous **suivions** qu'ils / elles sui**vent** .... Suis ... / Suivez ...

ebenso: **poursuivre** (verfolgen)

infinitif ... passé comp.	présent ... imparfait°	futur simple	conditionnel	subjonctif ... impératif
tenir *halten* .... j'ai **tenu**	je **tiens** nous **tenons** ils / elles **tiennent** .... je **ten**ais nous **ten**ions	je **tiendrai** nous **tiendrons** ils / elles **tiendront**	je **tiendrais** nous **tiendrions** ils / elles **tiendraient**	que je **tienne** que nous **tenions** qu'ils / elles **tiennent** .... **Tiens.** Tenez.
venir *kommen* .... je suis ven**u** je suis ven**ue**	je **viens** nous **venons** ils / elles **viennent** .... je ven**ais** nous **ven**ions	je **viendrai** nous **viendrons** ils / elles **viendront**	je **viendrais** nous **viendrions** ils / elles **viendraient**	que je **vienne** que nous **venions** qu'ils / elles **viennent** .... **Viens.** Venez.

ebenso: **revenir** (zurückkommen)

° Die Verben im **imparfait** haben **dieselben Endungen** wie im **conditionnel**.
Der Stamm wird von der 1. Person Plural Präsens abgeleitet.

infinitif ... passé comp.	présent ... imparfait°	futur simple	conditionnel	subjonctif ... impératif
vivre *leben* .... j'ai **vécu**	je **vis** nous viv**ons** ils / elles viv**ent** .... je viv**ais** nous viv**ions**	je vivr**ai** nous vivr**ons** ils / elles vivr**ont**	je vivr**ais** nous vivr**ions** ils / elles vivr**aient**	que je viv**e** que nous viv**ions** qu'ils / elles viv**ent** .... Vis … Vivez …
voir *sehen* .... j'ai **vu**	je **vois** nous **voyons** ils / elles **voient** .... je voy**ais** nous voy**ions**	je **verrai** nous **verrons** ils / elles **verront**	je **verrais** nous **verrions** ils / elles **verraient**	que je **voie** que nous **voyions** qu'ils / elles **voient** ....
vouloir *wollen* .... j'ai **voulu**	je **veux** nous **voulons** ils / elles **veulent** .... je voul**ais** nous voul**ions**	je **voudrai** nous **voudrons** ils / elles **voudront**	je **voudrais** nous **voudrions** ils / elles **voudraient**	que je **veuille** que nous **voulions** qu'ils / elles **veuillent** ....

° Die Verben im **imparfait** haben **dieselben Endungen** wie im **conditionnel**.
  Der Stamm wird von der 1. Person Plural Präsens abgeleitet.

An einer Diskussion teilnehmen

Vorbereitung

Bereite stichwortartig vor, welche **Meinung** du zum Thema hast und welche **Argumente** deine Meinung unterstützen. Welches ist dein stärkstes **Argument**? In welcher **Reihenfolge** willst du deine Argumente anbringen?

Mit welchen **Beispielen** kannst du deine Argumente untermauern?

Überlege dir im Vorfeld auch, welche **Gegenargumente** vorgetragen werden könnten und wie du diese **entkräften** oder **widerlegen** kannst.

Durchführung

1. Trage deine Meinung und deine Argumente klar und deutlich vor.
2. Höre den anderen Teilnehmern zu und fordere sie zu Gesprächsbeiträgen auf.
3. Gehe auf die Argumente deiner Gesprächspartner ein und grenze deine Meinung gegenüber der Meinung anderer ab.
4. Wenn deine Gesprächspartner überzeugende Argumente vortragen, akzeptiere diese.
5. Lass die anderen ausreden und lass dich selbst nicht unterbrechen.

Redemittel

A mon avis …,
Je pense / trouve / crois que … parce que …
Il faut savoir / considérer que …,
Que pensez-vous de …?
Qu'est-ce que vous en pensez?
C'est possible, mais il ne faut pas oublier que …

D'un côté …, mais de l'autre, …
Tu as raison, mais il faut quand même voir que …
Je suis de votre avis. / Je suis d'accord avec vous.
Je ne suis pas du tout de cet avis parce que …

Im Bewerbungsgespräch überzeugen

Vorbereitung

Erkundige dich genau über das Unter-nehmen / die Organisation.

Bereite stichwortartig **Redemittel** und Vokabeln für dein Bewerbungsgespräch vor. Überlege dir genau:
• wie du dein **Interesse** / deine **Motivation** an der Tätigkeit zum Ausdruck bringen kannst,
• welche **Fragen** (zum Unternehmen oder zur Tätigkeit) du stellen willst.

Lege dir ein paar **höfliche Redewendungen** für die Begrüßung / den Einstieg und für die Verabschiedung zurecht.

Durchführung

Achte während des Gesprächs auf eine ruhige **Körperhaltung** und freundliche **Mimik**. Zur Begrüßung gibt man sich auch in Frankreich in offiziellen Gesprächen die Hand. Suche während des Gesprächs immer wieder **Blickkontakt** mit deinem Gesprächspartner.

Am Schluss kannst du **deine Fragen** stellen, wenn diese bis dahin nicht geklärt wurden.

Tipp

Zieh dir zum Vorstellungsgespräch auch in der Simulation im Unterricht **angemessene Kleidung** an. So kannst du dich leichter in die Rolle hineinversetzen.

Bewerbungsbrief / Lettre de motivation

Die folgenden Tipps helfen dir, einen Bewerbungsbrief **knapp** und **präzise**, **höflich** und **korrekt**
zu formulieren:

Schreibe Bewerbungsschreiben immer mit dem **Computer** und achte auf eine **neutrale Schrift** und eine
gut lesbare Schriftgröße. Ein Bewerbungsschreiben sollte auf eine DIN-A-4 Seite passen.

Adresse des Absenders	Sofia S. Waldschmidtstr. 210 60314 Frankfurt
Adresse des Empfängers	Agence de Tourisme A l'attention de Madame Génin Rue Galante 84000 AVIGNON
Betreff	Objet: Candidature pour un stage
Ort, Datum	Francfort, le 5 mars 2017
Anrede	Madame,
Bezug und Ziel des Briefs	Suite à mon appel téléphonique, je vous adresse ma candidature pour un stage l'été prochain.
Deine Situation, Motivation für das Praktikum	Après la dixième classe (équivalent Brevet), je prévois de poursuivre mes études dans le domaine du tourisme. Pour acquérir de l'expérience et améliorer mon français, je voudrais faire un stage de trois mois dans votre agence de début juin à fin août.
Besondere Fähigkeiten	Mes connaissances en langues peuvent certainement vous être utiles: l'allemand est ma langue maternelle et je fais du français depuis 5 ans et de l'anglais depuis 6 ans au collège. De plus, j'aime bien organiser et j'ai le contact facile. Dans mon curriculum vitæ, vous trouverez plus de détails sur ma personne. Je reste à votre disposition pour un entretien par téléphone ou par webcam.
Schlussformel	Dans l'attente de votre réponse, veuillez agréer, Madame, mes meilleures salutations.
Name, Unterschrift	*Sofia S.*
Verweis auf Anlagen	Annexe: Curriculum vitæ

Tipp
Ein Bewerbungsschreiben sollte fehlerfrei sein.
Verwende daher die Funktion
Rechtschreibprüfung Französisch. Lies
anschließend den Brief sehr sorgfältig durch
und achte dabei auf Rechtschreibung,
Zeichensetzung und Grammatik.

Die **Anrede** deines Briefes lautet *Madame* oder *Monsieur* (ohne den Nachnamen) oder *Mesdames,
Messieurs*, wenn du den Adressaten nicht kennst. In der **Schlussformel** wiederholst du die Anrede.

Lebenslauf / Curriculum vitæ (CV)

Dein Lebenslauf gibt stichwortartig Auskunft über die **wichtigsten Stationen** deines Lebens und enthält Informationen über deine **persönlichen Daten**, **Fähigkeiten** und **Erfahrungen**. Er sollte am Computer geschrieben, **übersichtlich gestaltet** und **gegliedert** sein und auf eine DIN-A-4-Seite passen.

dein Name	Sofia S.	(Photo facultative)
deine Kontaktdaten	Waldschmidtstr. 210	
	60314 Frankfurt	
	Tél.: 0049….	
	E-mail: sofias@mail.de	
Geburtsdatum	Née le 5 avril 2002	

FORMATION

Schulbildung	2014–2017	Collège Herder à Francfort, classe: 10e (équivalent 3e en France)

EXPERIENCES PROFESSIONNELLES

berufliche Erfahrungen	Janvier 2016	Stage de découverte dans une agence de tourisme, à Francfort
	2015–2017	Job en tant que baby-sitter

LANGUES – INFORMATIQUE

spezielle Kenntnisse	Anglais	6 années au collège, niveau B1
	Français	4 années au collège, niveau A2+
	Logiciels	Word, PowerPoint

CENTRES D'INTERET

Interessen	Sports	Judo, danse
	Voyages	Lyon, Londres
	Loisirs	Théâtre, natation

Deine Fremdsprachenkenntnisse führst du unter dem Punkt „**Langues**" auf. Hier kannst / solltest du die Niveaus des internationalen Referenzrahmens (z. B. A2, B1) hinzufügen und auf eventuell erworbene Sprachenzertifikate (DELF B1) verweisen.

Unter dem Punkt „**Centres d'intérêt**" kannst du persönliche Interessen und Hobbys hinzufügen; besonders, wenn sie für die Bewerbung interessant sind.

Der französische Lebenslauf enthält **kein Datum** und wird auch **nicht unterschrieben**.

Fehler vermeiden

Schlage die **Rechtschreibung** schwieriger Wörter im **Dictionnaire** oder im Wörterbuch nach. Überprüfe anhand des Wörterbuches, ob du den richtigen Ausdruck bzw. das richtige Wort gewählt hast und achte auf die richtigen Anschlüsse.

• Achte dabei besonders auf **Akzente**, **Apostrophe** und **Zeichensetzung**.
Ça va être difficile de choisir, c'est sûr!

• **Nomen**
Stimmt der **Begleiter** mit dem **Nomen** überein?
ce village – **cette** ville

Stimmt das **Adjektiv** mit dem **Nomen** überein?
le**s** petit**s** village**s** – la grand**e** ville

• **Verben**
Achte darauf, ob du die **richtige Zeitform** für deine Textsorte benutzt hast (Résumé im Präsens; Berichte und Geschichten ggf. im Imparfait / Passé composé).
Achte auf die richtige Konjugation. Stimmt die **Verbform** mit dem **Subjekt** des Satzes überein? Haben die **Verben** die richtige Endung?
elle prend / elle**s** prenn**ent**

Hast du beim **Passé composé** das richtige **Hilfsverb** (**avoir** oder **être**) benutzt?
Il **est** allé chez Pierre. Elle **a** acheté un pull. Elle s'**est** levée à 8 heures.

Ist die **Endung des Partizips** beim **Passé composé** mit **être** an das **Subjekt** angepasst?
Il est parti. Ils sont partis. Elles sont parties.

Feedback geben – fair und konstruktiv!

Mit der Tipp-Top-Methode könnt ihr euch gegenseitig fair und konstruktiv eine **Rückmeldung zu mündlichen Präsentationen** geben.
Besprecht **vor** der mündlichen Präsentation in der Klasse die Kriterien, die einen guten mündlichen Vortrag auszeichnen.

Haltet die Kriterien stichwortartig als **Checkliste** (z. B. an der Tafel oder im Heft) fest.
Nach dem Vortrag nennt ihr zunächst in einer **Top-Runde** alles, was euch gut gefallen hat.
In einer anschließenden **Tipp-Runde** macht ihr **Verbesserungsvorschläge** zu Punkten, die nicht so gut gelungen sind.

Redemittel

1. Tu as parlé clairement / un peu trop vite.
   J'ai tout compris. / Je n'ai pas tout compris.
   Tu as bien expliqué les mots difficiles.

2. J'ai appris plein de choses.
   Tu as donné des bons exemples.
   La présentation était très vivante.

3. L'affiche illustre bien ton exposé.
   Tu as bien choisi les photos.

4. Je trouve que ta présentation était très réussie.

Eine Präsentation vorbereiten und durchführen

Information sammeln

Wähle ein **Thema**, welches du persönlich **interessant** findest und suche dazu **Informationen**, die dir dazu **wichtig** erscheinen (→ **S11**). Setze also **eigene Schwerpunkte**, verliere dich nicht in Details und wähle Zahlendaten nur sparsam und ganz gezielt aus.
Erstelle eine *carte mentale* mit **Schlüsselwörtern** (→ **S13**) und gib deinem Thema somit eine eigene Struktur.

Informationen weitergeben

Bilde nun anhand der *carte mentale* **eigene einfache** und **verständliche Sätze** mit Wörtern, die deine Mitschülerinnen und Mitschüler kennen. Gliedere deine Präsentation mit den unten angegebenen Redemitteln.
Erkläre schwierige Wörter und **veranschauliche** deinen Vortrag mit **passenden Abbildungen**.
Denke an eine **Einleitung** und einen **Schlussteil**.

Tipp

Übe deine Präsentation vorher zu Hause. Überlege auch, welche **Medien** du benutzen willst.
Es wird spannender für deine Mitschüler, wenn du es schaffst, dein Thema **spannend** und **klar** darzustellen.
Karteikarten mit Schlüsselwörtern helfen dir, den **roten Faden** nicht zu verlieren.
Versuche möglichst **frei**, **deutlich** und **laut** zu sprechen.

Redemittel
Introduction
Je vais vous parler de …
J'ai choisi ce sujet parce que …

Structurer la présentation
Dans ma présentation, je traite des points /
   thèmes / aspects suivants …
Ma présentation se compose de X parties:
   Premièrement …, deuxièmement, …
   Je terminerai par …

Supports visuels
Voici le plan de ma présentation.
J'ai préparé une fiche / un transparent sur …
Sur la photo, vous pouvez voir …

Expliquer des mots difficiles
…, c'est / ça veut dire / ça signifie … en allemand.

Entrer en contact avec les auditeurs
Vous avez des questions ou des remarques?
Je vais distribuer les fiches après ma présentation.
Faites passer les documents dans la classe,
   s'il vous plaît.

Finir la présentation
En conclusion, je voudrais souligner que …
Merci de votre attention!

Allgemeine Redemittel

Hier findest du die wichtigsten Redemittel in der Reihefolge des Schülerbuches zum Nachschlagen.

jemanden überzeugen (→ D1)

Convaincre

Il faut	des espaces partagés des services des terrasses des jardins	parce que c'est moins cher / … pour que les personnes âgées ne soient pas seules / pour que les habitants puissent se rencontrer / … où les habitants pourront se retrouver / … pour avoir plus de confort / de place …
On a besoin	d'appartements privés	pour les personnes qui …

die eigene Meinung äußern (→ D1)

Donner son avis

– Je (ne) suis (pas) d'accord avec toi / vous.
– A mon avis,   tu as raison.
– Je trouve que   c'est un avantage / un inconvénient / une bonne idée.
– Je pense que   on (n') a (pas) besoin de …

– D'une part, … d'autre part …   il faut respecter les souhaits de / des …
                                           il faut accepter les habitudes de / des …

– Qu'est-ce que tu en penses?   – Il faut se mettre d'accord sur …
   Qu'est-ce que vous en pensez?   – Il faut trouver une solution. Je propose de construire …
                                           – Il faut prendre une décision. Je suis pour …

über die eigenen Erfahrungen sprechen (→ D4)

Parler de son expérience

Je fais partie de l'association … depuis …
Je m'occupe de …
J'étais délégué(e) de classe en 8ᵉ.
J'ai participé à un projet écologique au collège.
Le but de ce projet était de …
J'étais responsable de …
J'ai fait un stage dans une entreprise de …
En informatique, je connais les logiciels …
Pendant les vacances, j'ai travaillé …

höflich telefonieren (→ D4)

Téléphoner

– Bonjour, … à l'appareil. Je voudrais parler à …
– C'est à quel sujet?
– J'appelle pour …
– Je suis désolé(e). Il / Elle n'est pas là.
– Je peux le / la rappeler quand?
– Pouvez-vous rappeler dans une heure / à … heures?
  Vous pouvez aussi lui envoyer un e-mail à l'adresse: info arobase orange point fr (= info@orange.fr).

eine Diskussion leiten (→ D5)

Mener une discussion

A votre avis, / Selon vous, est-ce que …?
Que pensez-vous de …?
Etes-vous d'accord avec ce que dit M. / Mme …?
Quelle est votre opinion sur / au sujet de …?

Je vous remercie d'avoir participé à …
Merci d'être venus ce soir …

En ce qui concerne l'économie / l'histoire …
Dans le passé, …
Actuellement, …
Si on compare … avec …, on peut dire que …
Je pense que … / A mon avis …

argumentieren und eine Entscheidung treffen (→ D5)

Argumenter et prendre une décision

Je trouve que ce pays / cette ville est (trop) …
Si on part, il faudra …
Moi, je veux bien partir, mais seulement si …
Je veux rester ici parce que / qu' …

Et toi, qu'est-ce que tu en penses?
D'une part, j'ai envie de / d' …
D'autre part, j'ai peur de / d' …

zu G13
1 Le chantier international

Luis: Quand je suis arrivé au chantier, je parlais français **moins bien que** maintenant. Quand on est dans le pays et qu'on parle avec les gens on apprend **plus vite qu'**à l'école. Au chantier, on parlait beaucoup français et le travail était bien organisé. Nous avons rénové le château **moins vite que** prévu, mais l'ambiance du groupe était géniale. Les jeunes qui participaient pour la première fois à un chantier international travaillaient **aussi bien que** les autres. L'année dernière, j'avais déjà fait un chantier pour la protection de l'environnement. Mais j'ai préféré le chantier de cette année. Rénover, c'était **mieux que** de planter des arbres pendant trois semaines.

zu G15 – 17
2 Le blog de Sara

a

Cet été j'**ai participé** pour la première fois à un chantier international. Il y **avait** des bénévoles du monde entier. Alors tous les jours, j'**entendais** parler anglais, allemand, turc, japonais et russe. Le matin, on **préparait** toujours le petit-déjeuner ensemble. C'était un groupe formidable. Un jour nous **avons fait** un jardin sur un terrain qui était complètement désertique. D'abord, on **a travaillé** la terre, puis tout le monde **a planté** des arbres et des fleurs et on **a mis** beaucoup d'eau. Ensuite nous **nous sommes occupés** pendant une semaine de ce jardin.

b

Ces deux chantiers, je **les** ai adoré**s**. J'ai beaucoup aimé le travail en groupe et l'ambiance entre les jeunes. Et même les tâches quotidiennes! On **les** a organisé**es** en équipe et tout le monde a participé. En fait, c'était très sympa de faire la cuisine ensemble. Je n'aimais pas trop faire la vaisselle, mais je ne **l'**ai fai**te** que deux fois. Dans l'ensemble, c'est une expérience que j'ai vraiment aim**ée** et que je voudrais recommencer.

zu G18
3 L'Algérie

En 1962, l'Algérie a obtenu son indépendance. Au 19e siècle, ce pays d'Afrique du nord **était devenu** une colonie française. A cette époque-là, beaucoup de Français **avaient immigré** dans le nord de l'Algérie. Les grands-parents d'Olivia y **étaient allés** aussi et s'y **étaient installés** avec leur famille. La mère d'Olivia, qui **était née** en Algérie avait beaucoup de souvenirs. Ses parents **avaient acheté** une grande ferme et ils **avaient travaillé** très dur. …

zu G19
4 Les Européens et l'Afrique

Il y a environ 500 ans, beaucoup d'Européens **ont immigré** et **sont partis** pour l'Afrique. A l'époque c'était un long voyage de traverser la mer Méditerranée. Les Européens **se sont installés** dans différentes régions, **ont exploité** les territoires des Africains et **ont fait** du commerce ou **ont acheté** des terrains pour faire de l'agriculture. Au 19e siècle, les puissances coloniales européennes **ont créé** des frontières sans respecter les peuples africains ni leurs origines, ce qui provoque encore aujourd'hui des conflits et des guerres.

zu G20
5 Vivre à Paris

Demain, Soraya, 24 ans, **va se présenter** dans une entreprise à Paris.

Soraya: Comme j'habite à Poitiers, je **vais prendre** le premier TGV qui part pour Paris. J'espère que les responsables de l'entreprise **vont me donner** ce poste, car j'aimerais vraiment vivre et travailler à Paris. Si j'obtiens le poste, je **chercherai** un petit appartement. Quand je **serai** bien installée, mon ami Vincent **viendra** me rejoindre et il **essayera** de trouver un emploi, lui aussi. Si nous avons assez d'argent, nous **achèterons** dans quelques années un appartement dans la banlieue de Paris.

zu G21
6 L'appartement de mes rêves

… Nous **aimerions** habiter dans un appartement de quatre pièces. Il nous **faudrait** une chambre d'amis pour loger les copains et la famille. Comme ça, nos invités **pourraient** rester chez nous pour passer la nuit. En plus, j'**aurais** besoin d'un bureau avec mon ordinateur pour travailler. Ce **serait** l'idéal!

zu G21
7 Si je n'étais pas parti …

Ahmed: Si je n'étais pas parti en Algérie cette année, **je n'aurais pas fait** la connaissance de mes cousins et **je serais resté** en France pendant les vacances. A Alger, j'ai pu discuter avec des amis de mes grands-parents. Si j'avais eu un peu plus de temps, **j'aurais appris** encore plus de choses sur ma famille. Malheureusement je n'avais que trois semaines pour visiter le pays. **J'aurais aimé** y rester plus longtemps. La prochaine fois, peut-être …

zu G22
8 Créer un nouveau quartier

Je propose que nous **créions** des espaces partagés dans le quartier. Il faut qu'il y **ait** des magasins. Il est important qu'on **ne doive pas** aller trop loin pour faire les courses. Mais je suis content que nous **construisions** un grand nombre d'appartements. J'aimerais aussi que vous **pensiez** aux jardins pour que les habitants **puissent** se rencontrer. Enfin, je suis très content que des jeunes et des personnes âgées **habitent** dans le même quartier.

zu G23
9 Evite le gaspillage

1. … montre-les-moi …
2. Donne-les-leur.
3. Vends-le-moi …
4. Donne-la-lui …

zu G25
10 Mon avenir professionnel

1. J'aimerais / Je voudrais faire un stage dans une entreprise française.
2. Plus tard, j'aimerais y trouver un job.
3. Je sais programmer des logiciels.
4. Je dois toujours améliorer mes connaissances en informatique.
5. J'ai aussi envie de partir à l'étranger,
6. parce que je sais bien parler anglais et espagnol.
7. Alors, je vais essayer de trouver une entreprise internationale.

zu G26
11 En lisant une BD …

a
1. Thomas / Il lit une BD **en écoutant** de la musique.
2. Thomas / Il fait du jogging **en parlant**.
3. Thomas / Il chatte **en regardant** des dessins animés.

b
1. On prépare une BD **en notant** ses idées.
2. On prépare une BD **en faisant** un story-board.
3. On prépare une BD **en dessinant** des croquis.

zu G31
12 Evitons le gaspillage

Chaque année, les Français jettent beaucoup d'aliments **dont** ils n'ont pas besoin. C'est un fait choquant parce dans le monde, qu'il y a beaucoup d'enfants **qui** ont faim. Les campagnes **qu'** on lit sur les affiches ou dans les magazines devraient inciter à moins gaspiller. Heureusement, les supermarchés n'ont plus le droit de jeter les produits **qu'**ils ne peuvent plus vendre. Ces aliments **qui** sont encore bons, sont donnés aux pauvres ou utilisés pour d'autres produits. C'est défini par une loi **qui** existe depuis 2015 et **dont** on a beaucoup parlé. Pourtant, il y a encore beaucoup de gaspillage **que** les consommateurs et les entreprises pourraient éviter.

zu G33
13 Faisons le tri

1. Les emballages **sont transformés** dans les centres de tri.
2. Le verre **est recyclé**.
3. Des nouvelles bouteilles **sont produites**.
4. Les déchets **sont** aussi **triés**.
5. Comme ça, la pollution de l'environnement **est réduite**.

zu G34
14 Voyage en Algérie

a
1. Si Manon part pour l'Algérie, elle **visitera** la capitale, mais aussi le village de ses grands-parents.
2. Si elle trouve la maison de ses grands-parents, Manon **sera** contente et elle **fera** des photos.

3. Manon va partir avec son copain. Si elle y **allait** toute seule, sa mère ne serait pas d'accord.

4. Si Manon **faisait** un voyage organisé, elle ne pourrait pas retrouver les traces de sa famille.

b

5. Si Manon **n'avait pas rencontré** Ahmed, elle n'aurait pas trouvé la maison.

6. Si elle n'avait pas eu de contact sur place, les recherches **auraient été** difficiles.

7. Si Manon **n'avait pas eu** ses papiers, la police l'aurait arrêtée.

8. Si Manon n'était pas allée en Algérie, elle **n'aurait jamais connu** l'histoire de sa famille.

zu G35
15 Interview avec Olivia

1. **Quel** pays est-ce que tu as visité?

2. **Est-ce que** tu avais des amis là-bas?

3. **Qu'est-ce que** tu as fait en Algérie?

4. **Qui est-ce qui** t'a aidé à la trouver?

5. **Où est-ce que** tu as rencontré Djaffar?

6. **Où** se trouve la maison?

7. **Quand est-ce que** tes parents ont quitté l'Algérie?

Verzeichnis der grammatischen Begriffe

In der linken Spalte findest du die wichtigsten der im Grammatischen Beiheft verwendeten Begriffe. Das Grammatikkapitel (G …) nennt die Stelle, an der du etwas über den Begriff erfährst. Die mittlere Spalte enthält Entsprechungen, die du vielleicht noch aus der Grundschule kennst. In der rechten Spalte werden die französischen Bezeichnungen sowie französische Beispiele aufgeführt.

Verwendete Begriffe	Entsprechungen	Französische Bezeichnungen und Beispiele
Adjektiv (G10–12)	Eigenschaftswort	l'adjectif: *grand, petit, beau, nouveau, noir, blanc*
Adverb (G12–13) • ursprüngliches ~ • ~ auf -ment	Umstandswort	l'adverbe: • ~ simple: *hier, beaucoup, trop, très, etc.* • ~ en -ment: *heureusement, vraiment, etc.*
Artikel (G1, G4, G11) • bestimmter ~ • unbestimmter ~	Geschlechtswort	l'article • ~ défini: *le lit, la table, l'armoir, les chaises* • ~ indéfini: *un copain, une copine, des copains*
Aussagesatz (G28, G32, G35)		la phrase déclarative: *Malika porte un sac.*
Bindung (G1)		la liaison: *les histoires, des autoroutes, nous avons*
Demonstrativbegleiter (G3)		le déterminant démonstratif: *ce / cet / cette / ces*
Femininum (G1, G3–4, G6–7, G10, G12, G17, G35)	weibliches Geschlecht	le genre féminin: *une copine, la chaise*
Fragebegleiter (G35)		le déterminant interrogatif: *quel / quelle*
Fragesatz (G35) • ~ mit est-ce que		la phrase interrogative: *C'est qui?* • ~ avec est-ce que: *Est-ce qu'on va au cinéma?*
Fragewort (G35)		l'interrogatif: *quand, où, qui, pourquoi, etc.*
Gerundium (G26)		le gérondif: *en regardant, en lisant, en mangeant, etc.*
Imperativ (G8, G23, G37)	Befehlsform	l'impératif: *Ecoute. / Ecoutez. / Ecoutons.*
Indefinitbegleiter (G4)		le déterminant indéfini: *tout le / toute la / tous les / toutes les*
indirekte Rede / Frage (G32)		le discours indirect: *Antoine dit qu'il a mal au pied.* *Mme Moretti demande si le client a réservé une table.*
Infinitiv (G14, G20–21, G25, G28, G30)	Grundform	l'infinitif: *avoir, regarder, attendre, mettre*
Infinitivsatz (G30)		la proposition infinitive: *Pour aller à Strasbourg, on peut prendre le train ou le bus.*

Verwendete Begriffe	Entsprechungen	Französische Bezeichnungen und Beispiele
Inversionsfrage (G35)		l'interrogation avec inversion: *Avez-vous un plan de la ville?*
Konditional (G21, G37) • **im Präsens** • ***in der Vergangenheit**		le conditionnel: • ~ présent: *J'aimerais aller à la mer.* • ~ passé: *J'aurais aimé aller à la mer.*
Konsonant (G3, G10, G35, G37)	Mitlaut	la consonne: *b, c, d, f, etc.*
Maskulinum (G1, G3–4, G6–7, G10, G12, G17, G35)	männliches Geschlecht	le genre masculin: *un copain, le lit*
Mengenangaben (G9, G36) • **bestimmte ~** • **unbestimmte ~**		les quantités: • *deux kilos de, 200 grammes de, etc.* • *du lait, de l'eau, de la confiture, des fruits*
Nomen (Substantiv) (G1–5, G7, G10–11, G35–36)	Hauptwort, Namenwort	le nom (substantif): *la danse, l'orange, le pantalon*
Objekt (G6, G25, G28, G31, G35) • **direktes ~** • **indirektes ~**	Satzergänzung • Akkusativobjekt • Dativobjekt	le complément d'objet: • ~ direct: *Elle porte un sac.* • ~ indirect: *Elle donne le sac à sa copine.*
Objektpronomen • **direkte ~ (G7–8)** • **indirekte ~ (G6, G8)**	Fürwörter als • direktes Objekt • indirektes Objekt	le pronom objet: • ~ direct: *Je l'apporte.* • ~ indirect: *Alex lui montre son portable.*
Passivsatz (G33)		la forme passive: *La langue française est enseignée dans les écoles.*
Personalpronomen (G5, G35) • **unverbundene ~**	persönliches Fürwort	le pronom personnel tonique: *avec toi, chez lui, devant nous, etc.*
Plural (G1, G3–4, G6–7, G10, G14, G22–23, G26, G35)	Mehrzahl	le pluriel: *les chaussettes*
Possessivbegleiter (G2)	besitzanzeigendes Fürwort	le déterminant/l'adjectif possessif: *mon/ma/mes … mon sac* *notre/votre/leur … votre prof*
Präsens (G14, G16, G22, G26, G34, G37)	Gegenwart	le présent: *Je regarde des photos.*
Pronomen (G9) • **y und en**		les pronoms y et en: *J'y suis déjà allé(e)./ Merci, j'en ai encore.*
Relativsatz (G29, G31)	eingeleiteter Nebensatz	la proposition relative: *Mathis rencontre Gérard qui a un restaurant à Paris.*
Satz • **einfacher ~ (G28)** • **komplexer ~ (G29)** • **si-~ (G34)**		la phrase • ~ simple: *Elle est née de parents immigrés.* • ~ complexe: *Elle est née de parents immigrés, mais elle est française.* • ~ avec si: *Si tu pouvais choisir, tu vivrais dans quel pays?*

Verwendete Begriffe	Entsprechungen	Französische Bezeichnungen und Beispiele
Singular (G1, G3 – 4, G6 – 7, G10, G23, G35)	Einzahl	le singulier: *une chaussette*
Subjonctif (G22)		le subjonctif: *Il faut que tu partes.*
Verb • **regelmäßiges ~ (G20 – 21)** • **~ auf -er (G14, G17, G37)** • **~ auf -dre (G14, G37)** • **~ auf -ir (G14, G37)** • **unregelmäßiges ~ (G14, G20, G22, G37)** • **reflexives ~ (G14, G21, G37)** • **~ mit Infinitivergänzung (G25)**	Tätigkeits-, Tun-, Zeitwort	le verbe: • ~ régulier: *regarder, répondre, etc.* • ~ en -er: *regarder, passer, etc.* • ~ en -dre: *répondre, prendre, etc.* • ~ en -ir: *sortir, finir, etc.* • ~ irrégulier: *avoir, être, faire, etc.* • ~ pronominal: *s'appeler, s'occuper de, etc.* • ~ suivi d'un infinitif: *aimer aller, devoir faire, etc.*
Vergangenheit • **einfache ~ (G15 – 16, G37)** • **zusammengesetzte ~ mit avoir / être (G15, G17, G37)** • **literarische ~ (*G19)**		le passé: • l'imparfait: *C'était super!* • ~ composé avec avoir / être: *j'ai chatté, il est allé / elle est allée* • ~ simple: *Nous trouvâmes le bonheur.*
Verneinung (G9, G14, G17, G20, G27, G36)		la négation: *Il n'aime pas le rugby. / Je n'ai pas traîné. / Nous n'allons pas jouer au foot.*
Vokal (G1, G3 – 6 – 7, G10, G14, G27, G32, G35, G37)	Selbstlaut	la voyelle: *a, e, i, o, u, y*
Vorvergangenheit (G18)		le plus-que-parfait: *Avant d'aller au cinema, il avait regardé le programme.*
Zahlen (G36) • **Bruchzahlen** • **Prozentzahlen**		les nombres: • les fractions: *trois quarts des habitants* • le pourcentage: *80 % des Français*
Zukunft (G20) • **einfache ~** • **zusammengesetzte ~**		le futur • ~ simple: *Je prendrai des photos.* • ~ composé: *Ce week-end, je vais faire du vélo.*

Stichwortverzeichnis → Die Zahlenangaben verweisen auf die jeweiligen Paragraphen.